地域も自分もガチで変える!

逆転人生の
糸島ブランド戦略

税金ドロボーと言われた町役場職員が、
日本一のMBA公務員になれたわけ

岡 祐輔

実務教育出版

まえがき

「やりたいことがある！」、でも日常の仕事に忙殺され、人間関係や組織の壁も厚く、実現できていない、といった悩みを抱えていませんか？

僕が本書を執筆したきっかけは、「地域ブランド化のために奮闘している自治体職員の物語を書いてみませんか」と出版社にお声かけいただいたことです。

書くなら公務員のみならず、会社の仕事に悩む若い皆さんを、ほんの少しでも勇気づけられる本になってほしいという想いが一番でした。そして僕の経験を通じて、仕事の苦しさもモチベーションもスキルも、本書から感じ、盗んでもらい、新しい仕事にチャレンジするお守りとして近くに置いてほしいと願いを込めて筆を執りました。

自治体職員や社員として「チャレンジしてみたいけど…」「もう毎日が苦しくて辞めたい」と感じている人もいるかもしれません。

僕も入庁した頃、まだ仕事の楽しさを知らないまま辞めたいと思っていました。

そんな僕でも、今は自ら企画し、仲間たちの助けを得られるようになり、アイデアを実現できることが増えました。本書を手に取っていただいたあなたなら、数年後同じように、仕事の中で自分なりの楽しさを見つけてもらえるはずです。

自己紹介が遅れてしまいましたが、僕は福岡県糸島市の職員、岡祐輔です。内閣府地方創生☆政策アイデアコンテストで地方創生担当大臣賞をいただいてから、全国で講演させていただいたり、連載記事を書かせていただいたり、同じような自治体職員や組織の中で働く人たちのお役に立てる機会をもらえるようになりました。

僕がこのような活動をさせていただけるのも、市職員でありながらMBA＝Master of Business Administration（経営修士）を取得し、公共政策にマーケティング、企業戦略などビジネス現場で使われる手法を活かし、これまでなかった政策立案方法を実践していることが大きいと感じています。

ただ先に申し上げたいのですが、僕がやった仕事で観光客や移住者が増えたのではありません。こんな昇り龍のようなまちで働けることは運がよく、楽しい仕事をさせてもらっていると自覚しています。「お前がやってるんじゃない」と、本当はスポットを浴びるべき糸島市の事業者や生産者の皆さんからお叱りを受けても仕方ないことは、重々承知しています。

しかし糸島市のこの貴重な観光資源を守ってきた生産者たちも、高齢化が進み、中山間地のコミュニティや自然環境を維持していくことが難しくなるなど課題は山積みです。そして多くのまちでは糸島市よりも喫緊の課題に直面し、「何か手を打ちたい」と相談してくれる人たちがいらっしゃいます。そうなると視察や講演で対応するには限界があります。単に糸島市の発展してきた事例だけを紹介しても意味がないため、本書を通じてより詳しく実例に沿って使ったスキルと実現までの裏側も明らかにしていきたいと考えています。

どこのまちも消滅自治体にさせないよう、地方創生のための戦略をつくり、頭を悩ませ、必死に人口減少の波に抗っています。その役に立ちたいと思って書いています。また、普段の政策立案を行うときの分析方法や、政策を立てる際にも役立つはずです。民間企業でも戦略を立てる機会はあるので参考にしていただければ嬉しいです。

経営学を使った分析や戦略を立てるスキルは、どんな部署に行っても活きると確信しています。スキルだけが本人に一生残る財産です。若いうちにあなたに身に付けてほしいと思います。

また冒頭で申し上げたように、ノウハウだけでなく、実践での楽しさや苦しさも共有し、自治体職員のやりがいを感じてもらいたいと思っています。そして地域のために自分ができることに挑戦したいという想いを、実現に向けて一歩踏み出すきっかけを与えることができれば幸いです。

地域も自分もガチで変える！
逆転人生の糸島ブランド戦略
税金ドロボーと言われた町役場職員が、日本一のＭＢＡ公務員になれたわけ

目次

第4章 糸島ファームtoテーブルは戦略立案だった……115

～「食」は稼ぐ地域戦略！

第1章

観光と移住でまちが変わった糸島市

～観光客が急上昇・移住者も増加中

人気観光スポットランキング1位、住みたいまちランキング1位と、全国の雑誌、テレビで紹介される糸島市。まだまだ知らない人も多いと思いますが、**糸島市は今、毎年観光客が増え続け**、糸島市が誕生した2010年から、実に50％以上も伸び、2018年には年間682万人が訪れるまちになりました。

糸島市には、豊富な食材が満ち溢れています。例えば、1800年前の『魏志倭人伝』に「伊都国《いとこく》」の名が記されるほど、いち早く大陸から伝わった農業の文化・技術、それらを受け継いできた生産者たちと肥沃な土壌に育まれた糸島野菜、糸島豚などのブランド食材。大陸棚や海流の潮目といった絶好の漁場に恵まれ、玄界灘の荒波に揉まれた日本一の漁獲量を誇る天然真鯛。資源管理を長年徹底し、日本に10％以下しか流通していない国産はまぐり、海と山が近接し、栄養たっぷりの海水で育つ糸島カキといったブランド食材たちです。

これだけ聞くと、どこでもある自然と食が豊かな地方の田舎町だと思われるかもしれませんが、糸島市はさらに圧倒的な強みを持っています。

海の中で、夫婦岩と白い大鳥居が向かい合う桜井二見ヶ浦（写真提供：糸島市）

糸島市観光入込客数の推移

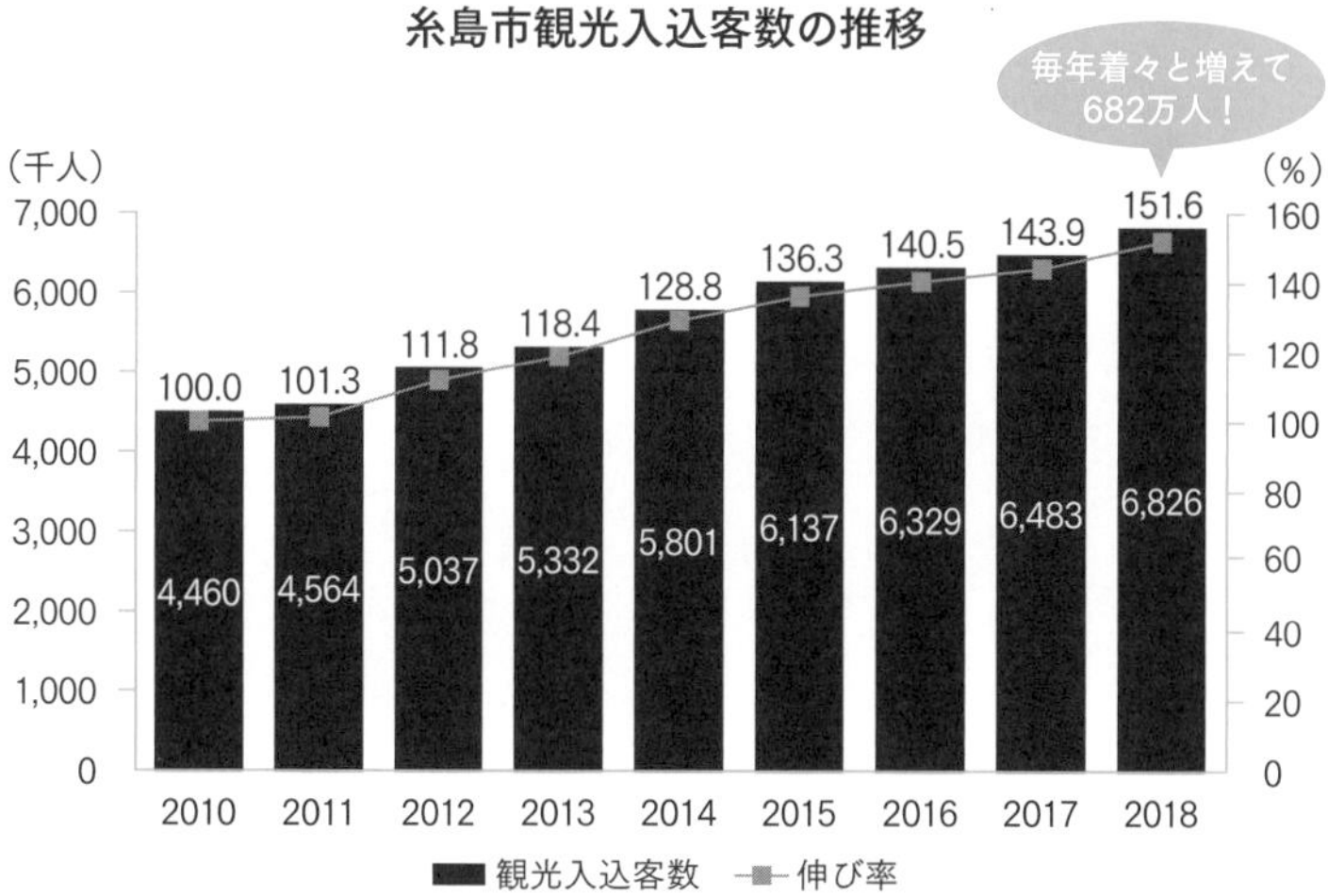

（福岡県観光入込客数調査から著者作成）

その代表が、**ＪＡ糸島が運営する産直施設「伊都菜彩」**です。産直施設とは、農家や漁師が朝収穫した生産物を、自分たちで直接値付けをして棚に置く、「産地直販施設」のこと。陽が昇る前の一番おいしいときに収穫し、水が滴るほどみずみずしい野菜や、ぴちぴち動き、ラップを突き破るような魚が所狭しと並んでいます。

糸島市には18か所も産直施設があり、なかでもこの「伊都菜彩」は、１店舗で１００円や２００円の野菜を中心に、年間売上40億円以上、レジ通過者だけで１３５万人が訪れるメガ市場。**これは産直施設の2位に大きく水をあけて日本一の売上額を誇っています（「日本農業新聞」）。**

休日は１日5,000人以上が訪れる直売所「伊都菜彩」（写真提供：糸島市）

産直施設だけでなく、冬の風物詩として、複数の漁港に大きなカキ小屋が立ち並びます。**なんとカキ小屋の経営者は全員漁師です。**真鯛の漁に出ながら、「糸島カキ」（商標登録）を養殖し、焼きガキのほかカキ小屋ごとに漁師オリジナルのサイドメニューを提供します。メニューにないものの持ち込みもでき、チーズなどのトッピングや焼きおにぎりを楽しむ常連客もいて、冬の半年足らずの期間で、50万人以上の観光客が訪れます。

都市からのアクセスが便利な場所で、このような食材を海や山などの自然環境の中で味わうことができます。これだけの観光客を受け入れることができる食材は、質は

自分で焼いて楽しめる漁師直営のカキ小屋（写真提供：糸島市）

もちろん、種類、量など他にはない糸島の強みです。

これらは糸島ブランドづくりのための重要な要素なので、後で詳しく説明します。

移住者も増加中

糸島市は観光客だけではありません。移住者も増加しています。

2010年に糸島市が誕生し、一時人口は減少していましたが、ここ数年で増加に転じ、保育所の数が足りなくなってくるほど子育て世代の転入が増えています。

田舎暮らし、子育てしやすいまち、福岡住みたいまちランキングなど、福岡のみならず、全国の雑誌で紹介されるようになり、移住者が増え、九州大学の移転や新駅の開業などで住宅開発も増えたこともあって、転入者が増加しています。

他にも、10年前には数軒しかなかった雑貨や工芸品などの工房が、今や130軒を超え、帝国ホテルや星付きレストランで修業したシェフがわざわざ東京から糸島市に店を構え、スイーツカフェやベーカリーなどのおしゃれな店が増えました。レストランの開業が毎年続き、もう数を追えなくなるほどです。

開業した店は市場を通さず、伊都彩菜などの産直施設で地元食材を買い揃え、それらを使った料理を提供できるため、観光客にも喜んでもらえます。

サーファーや地元の人たちの中には、朝からお気に入りの海沿いのカフェに行く人も。潮風を浴び、海の香りと景色を堪能しながらモーニング（朝食）をとってゆっくりした時間を過ごし、週末に疲れを癒します。正直僕らも、安くておいしい店がたくさんできたので、夜の飲み会で福岡市内に行くことがめっきりなくなりました。逆に福岡市内の人たちにばったり糸島の居酒屋やバーで会うほどです。

他にはない余暇を楽しめる「糸島時間」とも言える空間で、このような「糸島暮らし」を楽しみたい人たちが、集まってきています。

糸島ってどこの島？

ここで少し糸島市のことを紹介します。2010年1月1日に前原市、二丈町と志摩町の1市2町が合併して誕生。今年でちょうど10年を迎えました。

福岡県最西端の糸島半島に位置し、市北側には玄界灘に面した美しい海岸線が広がり、市南側には背振山系の1000m弱の山々が連なります。それらの中間部には糸島平野と呼ばれるなだらかな田園地帯が広がり、JR筑肥線と国道202号沿線を中心に市街地が形成されています。**福岡市中心部から電車、車ともに約30分の距離であり、博多駅や福岡空港にも直通でアクセスでき、田舎の要素を備えつつ、都市の利便性も高い地域です。**

人口は約10万人、高齢化率は25％を超え、やはり少子高齢化の問題は深刻ですが、前述したように、**全国的にも稀に見る観光客や移住者が増えるまちで、県内でも羨望の眼差しで見られています。**

今でこそ、糸島市の知名度も上がり、最近は「糸島知っている！」と言われる機会も増えましたが、まだまだ関東や関西のイベントに顔を出すと、「どこの島から来たの？」と言われることがあります。5、6年前はもっとひどい状況でした。

今はコンビニや書店で並ぶ糸島観光のムック本が出版され、全国の移住系の雑誌や海外のWEBに掲載され、連日テレビに取材していただけるようになりました。関東や関西の百貨店では催事が企画され、有名レストランでも糸島食材が使われるようになり、「糸島産」を見るようになりました。

名だたる有名企業のテレビCMでも、いくつも糸島が起用されています。メディアに出る意味は、単純なプロモーションというだけでなく、地元の人たちが糸島市に誇りを持てるようになることも効果のひとつだと思っています。昔の糸島は田舎というイメージで、若者が福岡市内で糸島出身ということに自信が持てなかったそうです。今や「糸島出身です」と言うことがひとつのステータスになりつつあります。**それは市の職員も同じで、研修などで他自治体職員から「糸島市すごいですよね」という声を聞くたび、うれしい気持ちになっています。**

地域ブランドは市民（シビック）プライドをつくることにつながっています。

解決したい課題（末尾が「？」になるように設定しましょう）

例：子育て世代の移住者を増やせないか？

Customer（市場・顧客）

例：大都市の子育て世代の人口、隣町の転出者の数、転出の目的　など

Company（自社・自分の地域）

例：空家の数、海水浴場の数、駅の数、女性雇用数　など

Competitor（競合）

例：近隣自治体の空家率、近隣自治体の子育て世代の転入数　など
※ Customer（顧客）・Company（自地域）の２つと合わせて比較してみる。

ＭＢＡミニ講座①

解決したい課題があるならまず「３Ｃ」を使う！

●３Ｃとは

本書の中で、「観光入込客の推移（顧客）」、「農水産物の種類・量（自分の地域）」、「近隣自治体との小売業販売額の比較（競合）」といったデータを扱っています。

これは僕が勝手に思いついた訳ではなく、自分の地域の「内」部と「外」部の両方の環境を調べる鉄則に沿っていただけです。そのときに便利なツールが３Ｃです。Customer（市場・顧客）・Company（自社・自分の地域）・Competitor（競合）の頭文字をとっていて、自社が内側、顧客と競合は外側といったように、自動的に自分の組織や地域の内部と外部の環境を分析できるようになっています。

民間企業も同じです。顧客単価の伸び率、自社の製造単価、各店舗の売上額比較など、顧客、自社、競合といったデータを分析するはずです。

●なぜ３Ｃが必要か

内部と外部の環境を漏れなく分析できるほかに、もう一つメリットがあります。３Ｃに沿って分析を進めれば、「今、自分が何のためのデータを分析しているか」を把握できます。

なんとなく地域分析を始めると、思いついたデータを分析したり、先進地の事例をそのまま適用することになり、後から「このデータって何だったかな？」と道に迷って時間も労力も無駄になります。

次のシートに自分の解決したい課題を書き出してみて、どんなデータが分析できるか考えてみましょう。

「日本の渚百選」にも選ばれている桜井二見ヶ浦
（写真提供：糸島市）

第2章

糸島の地方創生の謎に迫った

～何が糸島市のブランドを牽引しているのか？

2016年3月、九州大学ビジネススクールを修了しました。僕は出向から市役所に戻り、**シティセールス課ブランド推進係に配属されました。**MBAにぴったりのようなネーミング。ビジネススクールで学んでいなければ、不安でしょうがなかったかもしれませんが、2年間、九州でもトップエリートのビジネスマンたちと一緒に学び、ビジネスの話をしても恥ずかしくないくらいの知識と度胸がついていました。異動の内示が出る前は、配属される部署によって、財政や行政改革の部署で財務分析をやったり、窓口のあるところでは生産管理の手法を使って定型業務を効率化したり、教育分野で民間と連携してITを導入するなど、**やりたいことを山ほど妄想して、早く現場で力を試したい強い気持ちがありました。**

まずは糸島市の方針を確認するために、最上位計画や戦略計画などの関係計画を調べてみると**「農林水産物とその加工品を糸島産品としてブランド化」**し、さらに発展させ**「移住のまちとして、暮らしそのものをブランド化」**することが目標に掲げられていました。糸島産品だけではなく、観光、教育、環境、福祉など暮らし全体のブランドイメージをつくり上げていくという意味で、計画書には「糸島ブランド」ではなく、「ブランド糸島」と定義されています。

そんな中、ブランド推進係では、東京の百貨店で糸島産食材の催事をしたり、加工品のカタログ販売を企画したりすることをメインの仕事でやっていました。前例踏襲がすべて悪く言われがちですが、前例を踏まえて必要なものは残し、改善すべきこと・発展させていくことをやらなければなりません。同じメンバーでは新しい視点が入りにくいし、機械的に仕事をこなすのではなく、**「異動したら、まず自分にしかできないことをやる」**と決めています。

しかし市町村合併して日が浅い糸島市。課長、係長はもちろん、同僚の先輩でさえ、だれも一緒に仕事をしたり深く付き合ったりしたことがない人たちでした。初めての人たちと、一番下っ端という立場で新しいことをやらないといけない状況でしたが、身に付けた力で、何か自分にしかできないことをやろうと考えていました。

何が糸島市のブランドを牽引しているのか？

糸島市では**「見てみたい・行ってみたい」↓「食べてみたい・買ってみたい」↓「起業**

してみたい・住んでみたい」という段階を踏んでまちのブランドづくりを行っています。

前章で分析したように、糸島市は観光客が増えてきました。しかし市職員や地域の人たちの中でも「糸島ブランドの要因は何ですか?」と聞かれて「海沿いのカフェ」「インスタ映え」「生産者の長年の苦労」とバラバラの答えが聞こえ、なかには「水」という人も。それぞれがなんとなく思ったことを答えるような状況で、正直よくわかりませんでした。「行ってみたい」段階から、「起業したい・住んでみたい」段階にするといっても、結局は糸島ブランドを活用することで経済的な豊かさにつながらないと意味がありません。そこで、実際の効果を分析してみようと試みました。

糸島市を訪れる観光客は増加傾向にあり、2018年で年間682万人となっていますが98%が日帰りです。その要因を観光客の目的別に見てみると、伊都菜彩に代表される産直施設が全体の42%も占めている。また産直だけでなく、カキ小屋、海沿いのおしゃれなカフェなどを合わせると、**実に観光客の60%ほどが「食」を求めて訪れていました。**「食」を中心に観光客が増えたことは間違いない。ちなみに、元ゴールドマン・サックスのアナリストで、日本政府観光局の特別顧問などを務めるデービッド・アトキンソン氏の『新・観光立国論』では、「食」「自然」「文化」「気候」の4つの要素の組み合わせが多様なほど、

糸島市観光入込客数の推移

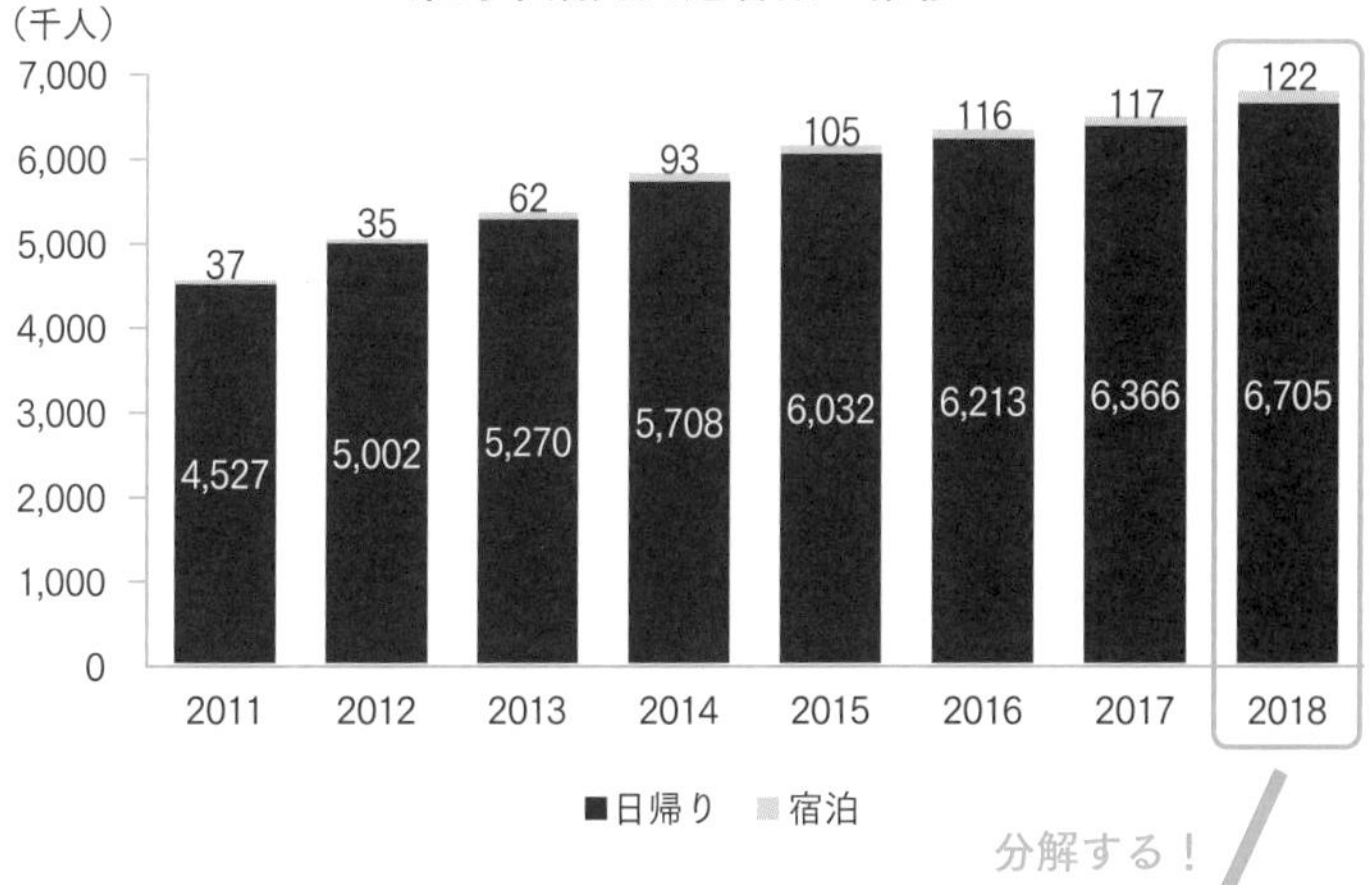

2018年　糸島市目的別観光入込客数

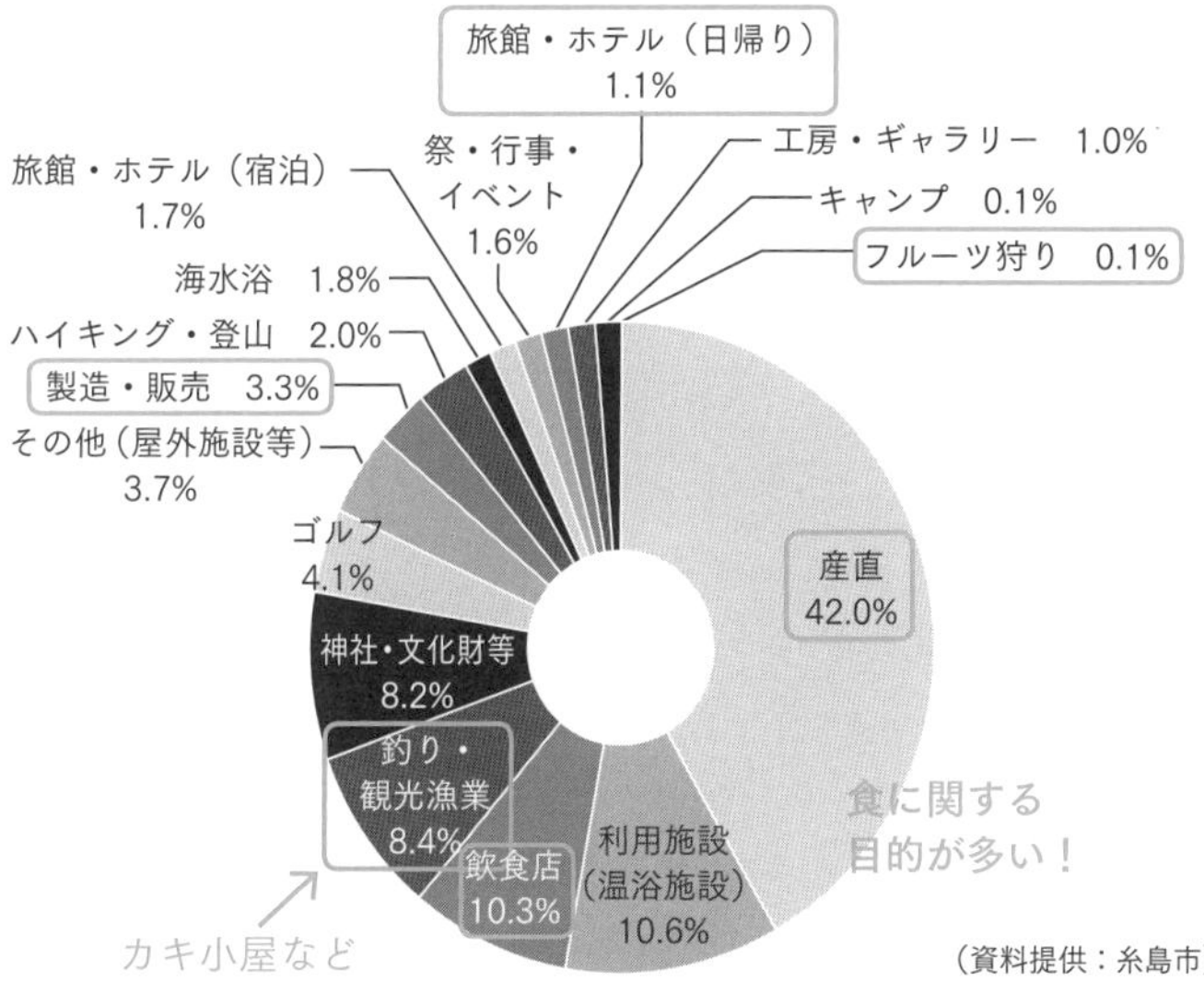

（資料提供：糸島市）

滞在時間が伸びて消費額も増えることが書かれています。糸島市は自然や文化を目当てに訪れる人がそれぞれ10％ほどしかなく、多様性が低い＝滞在時間が短い・日帰り観光が多いことに合致しています。

糸島のカキ小屋には、冬という気候要素なども組み合わさっているものの、やはり「食」が柱となって糸島市の観光客増加を牽引しており、産直施設の影響は相当大きいわけです。

このように、**勘や経験に頼るだけでなく、理論やデータの分析を少し加えるだけで、人気の観光地になった要素がわかります。**自分のスキルを磨くだけで、仕事も楽しくなります。

分けて考えることが大事

ここでひとつお伝えしたいのが、**データを分解する**ことの大切さです。グラフのように、観光客を目的別（行先）という軸で分解しただけで、見えなかったものが見えるようになります。

しかしデータを分解すると言っても、どう分解していいか難しいと思います。実は僕も思いつきで、やみくもにやっているわけではないのです。

マーケティングにはセグメンテーションといって、顧客を細分化する方法があります。いくつか方法がありますが、すぐに使えて最も実用性の高いと思う5つの切り口を紹介します。

5つの切り口とは、**「時間」「地域」「人口統計」「行動」「心理」**です。次ページの表のように「時間」の例で考えると、観光客が訪れる季節や時間帯による分類を思いつきます。目的別だと歴史・文化を学びたいという人と産直やレストランでリフレッシュしたいという人がいるはずです。この5つの切り口を思い浮かべてみると「このデータで分析してみよう」と考えが及ぶようになります。

この分解要素を考える場合、表は4つまでしか分けていませんが、季節の場合は1月、2月、3月……のようにいくつに分けてもかまいません。大事なことは「漏れなく重複なく」分けていくことです。

この**分解スキル**が活かせるのは、観光や産業分野だけと決めつけてはいけません。例えば窓口部門なら、「時間」の切り口で季節ごとの来客数で分けたり、「行動」に着目して、窓口手続きの流れを分けたうえで、各プロセスにかかる時間や費用などを出してみたり、施設部門であれば部屋の面積ごとの利用数やコストを算出して施設管理を効率化してみたりするなどの改善につながるはずです。「分析」はその漢字のとおり、分けて考えることが重要です。

課題の切り口	分解の要素			
時間 季節	春	夏	秋	冬
地域 来訪元	糸島市	福岡市	福岡県内 （左記以外）	福岡県外
人口統計 年齢	10代以下	20～30代	40～50代	60代以上
行動 交通手段	電車	バス	自家用車	レンタカー
心理 目的	学び	グルメ	リフレッシュ	親睦

（著者作成）

例）

アイデア：幹事の面倒くさいを解消するシステム　　数字はすべて仮想

福岡市の人口	150万人
20～30代（会社員）	10%
幹事の平均回数	年2回
多忙な人の割合	40%

年間で幹事利用してくれそうな福岡市の忙しい若手会社員は、

150万人× 10%× 2回× 40% ＝ 12万人

おおまかな数字をつかむことができる！

※フェルミ推定とも言われます。

（著者作成）

お客様像が見える

次に、国が公表し、だれでも使えるＲＥＳＡＳ（地域経済分析システム）を使って、観光客がどこから来ているかを分析してみました。セグメンテーションの「地域」に着目しています。次ページの図は休日14時の滞在人口で、その時間、その場所に滞在している人たちの情報であり、純粋な観光ではありませんが、おおむね傾向はわかります。

さきほど日帰り客が多いという分析をしましたが、90％以上が県内の観光客で、糸島市民を除くと、ほぼ福岡市からの日帰り観光が大勢を占めることがわかります。県外も日帰り圏内がほとんどです。1位の佐賀県唐津市（糸島市の西隣）から訪れる人は、福岡市早良区とほぼ同規模とわかります。また、カンの鋭い方は気づいたかもしれませんが、6位に狭山市が入っているのは、このとき偶然福岡で西武ライオンズの試合があったからなのでしょう。これもデータがあるからわかることですね。

糸島市は福岡市に近いことが大きな優位性のひとつ。食に自然風景や夏や冬などの気候要素が掛け合わされ、アクセスしやすい場所という構図になっています。

福岡市から日帰り（短時間）で余暇を楽しむ人たちが増え、糸島市の観光客は伸び続け

県内が90%以上で、そのうち糸島市外からの訪問はほぼ福岡市から！

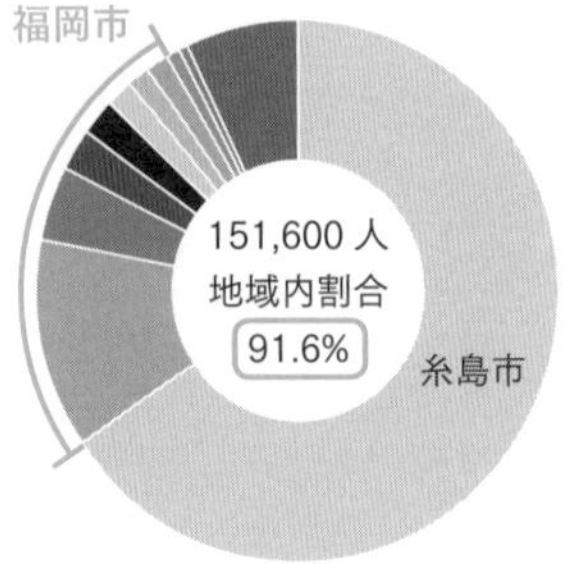

糸島市における滞在人口／
都道府県内ランキング 上位10件

1位	福岡県糸島市	99,200人（65.4%）
2位	福岡県福岡市西区	18,800人（12.4%）
3位	〃 福岡市早良区	6,800人（4.4%）
4位	〃 福岡市南区	3,900人（2.5%）
5位	〃 福岡市中央区	3,100人（2.0%）
6位	〃 福岡市城南区	2,600人（1.7%）
7位	〃 福岡市東区	2,500人（1.6%）
8位	〃 福岡市博多区	2,100人（1.3%）
9位	福岡県久留米市	1,200人（0.7%）
10位	福岡県春日市	1,200人（0.7%）
その他		10,200人（6.7%）

滞在人口合計：165,400人
（滞在人口率：1.68倍）
（国勢調査人口：98,435人）

糸島市における滞在人口／
都道府県外ランキング 上位10件

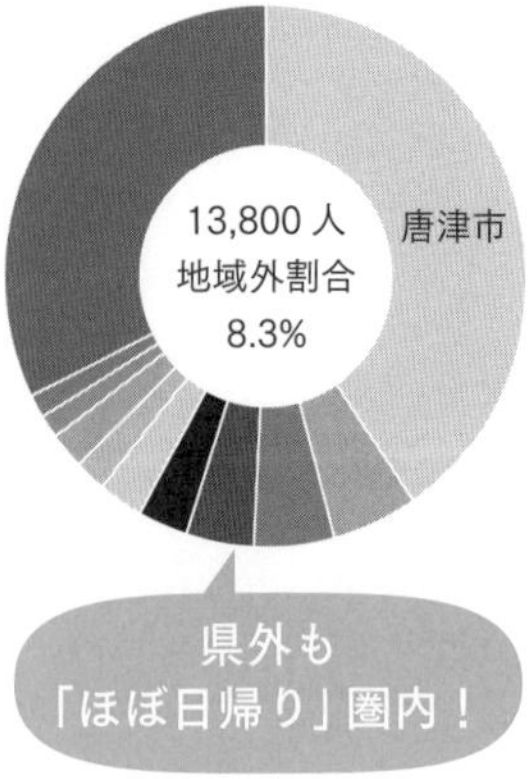

1位	佐賀県唐津市	5,600人（40.5%）
2位	佐賀県佐賀市	700人（5.0%）
3位	長崎県佐世保市	700人（5.0%）
4位	佐賀県伊万里市	600人（4.3%）
5位	長崎県長崎市	400人（2.8%）
6位	埼玉県狭山市	400人（2.8%）
7位	長崎県平戸市	300人（2.1%）
8位	大分県大分市	300人（2.1%）
9位	長崎県対馬市	200人（1.4%）
10位	長崎県松浦市	200人（1.4%）
その他		4,400人（31.8%）

（RESAS から著者作成）

ています。福岡市内の飲食店で目にする糸島産食材。コンビニや書店に並ぶ観光や移住の雑誌に糸島が掲載され、連日テレビに取材していただけるようになりました。そこから関東や関西の百貨店などからも催事を企画していただいたり、全国、海外の雑誌やWEBでご紹介いただけるようになったのです。

糸島市がどのような流れで注目度が上がってきたか、おおよそわかってきたと思います。同じように近隣に大都市圏があるまちは、糸島市のここ10年間の観光客の伸び率や福岡市内からの観光客数や割合を参考にして、まちの強みを使って「どのくらいの観光客を増やすか」ということを予測することもできます。他地域の事例は事業をそのまま真似るのではなく、分析の参考にすることで有効に使ってもらいたいと思います。

移住者が増えるまち

「食べてみたい」「行ってみたい」から「住んでみたい」につなげるという点で、移住者数にも注目しました。35ページのグラフのように、糸島市の誕生以降人口は減少傾向でしたが、2016年を境に現在は増加に転じています。これは「田舎暮らし」「子育てしやすいまち」「福岡住みたいまちランキング」など、福岡のみならず、全国の雑誌で紹介されるようになり、移住者が増えたこと。九州大学や新駅の移転なども重なり、住宅開発が増え、転入者が増加しているためです。

市の計画では、「子育て世代を増やしたい」となっていますが、実際にデータのように子育て世代である30〜40代が最も増加しています。2013年にできた定住促進を担当する地域振興課では、アクションプランを策定し、その後、マイホーム取得奨励金、空き家バンク、子育て世代応援サイトの開設のほか、首都圏で積極的に移住相談やPRイベントを開催しており、その結果の表れと言えます。

ここまで聞くと、観光客も移住者も増え、何も課題がないように見えます。しかし人気の観光地や移住地としてブランドを維持していくためには、**新規顧客の獲得だけではダメ**なのです。

「あなたのまちのブランドって何ですか?」観光、教育、福祉などサービスがまちのイメージと結びついて地域ブランドはできます。簡単に言うと「〇〇と聞いて何を思い浮かべるか」です。福岡で「新鮮な食材のまち」「移住のまち」といえば、おそらく糸島市を思い浮かべてくれる人は多いと思います。つまりそれがブランドです。

このブランドを維持するには、商品・サービス力自体が優れていなければなりません。

糸島市人口の推移

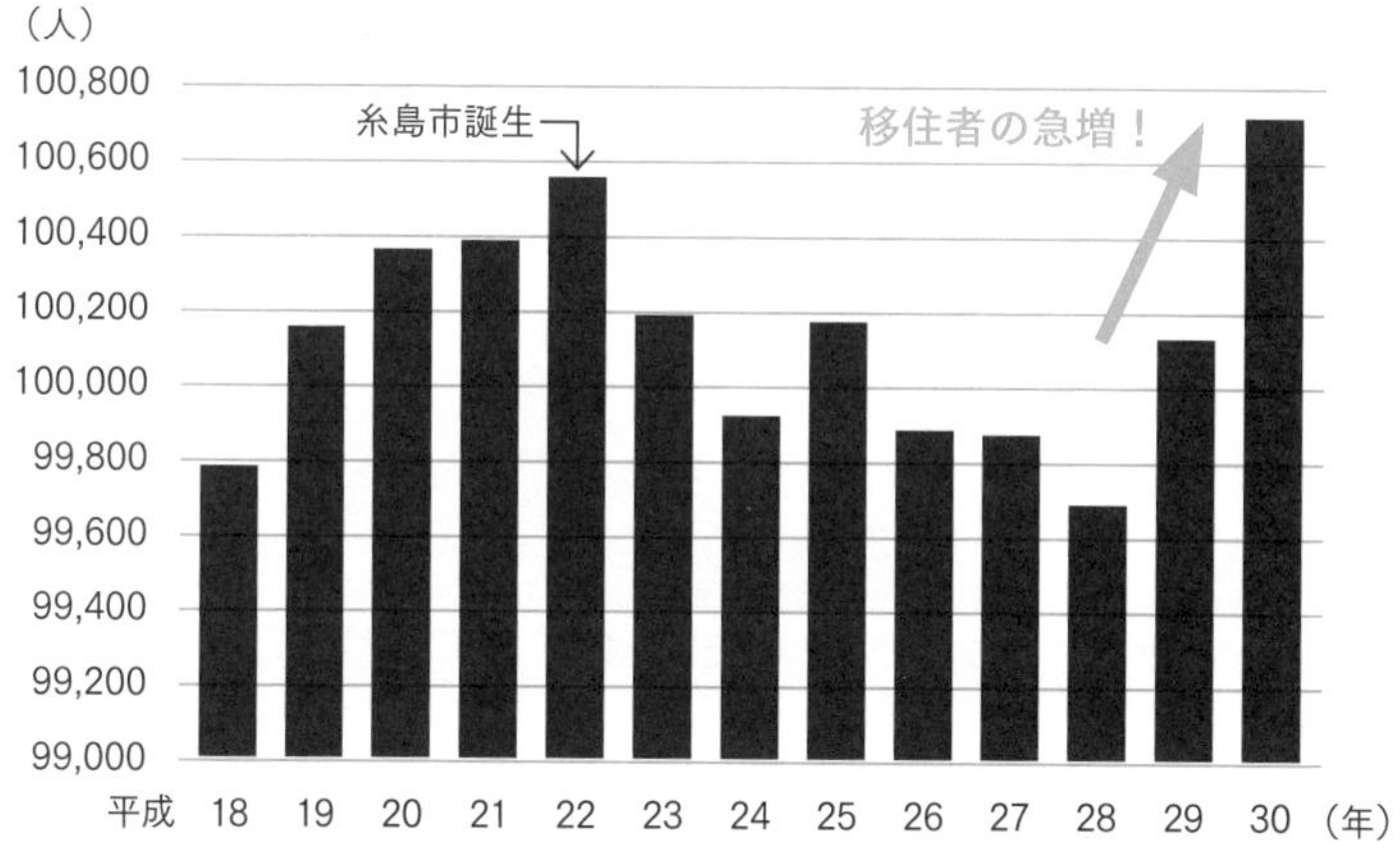

（各年３月末の糸島市住民基本台帳人口）

糸島市の年代別社会増減の状況

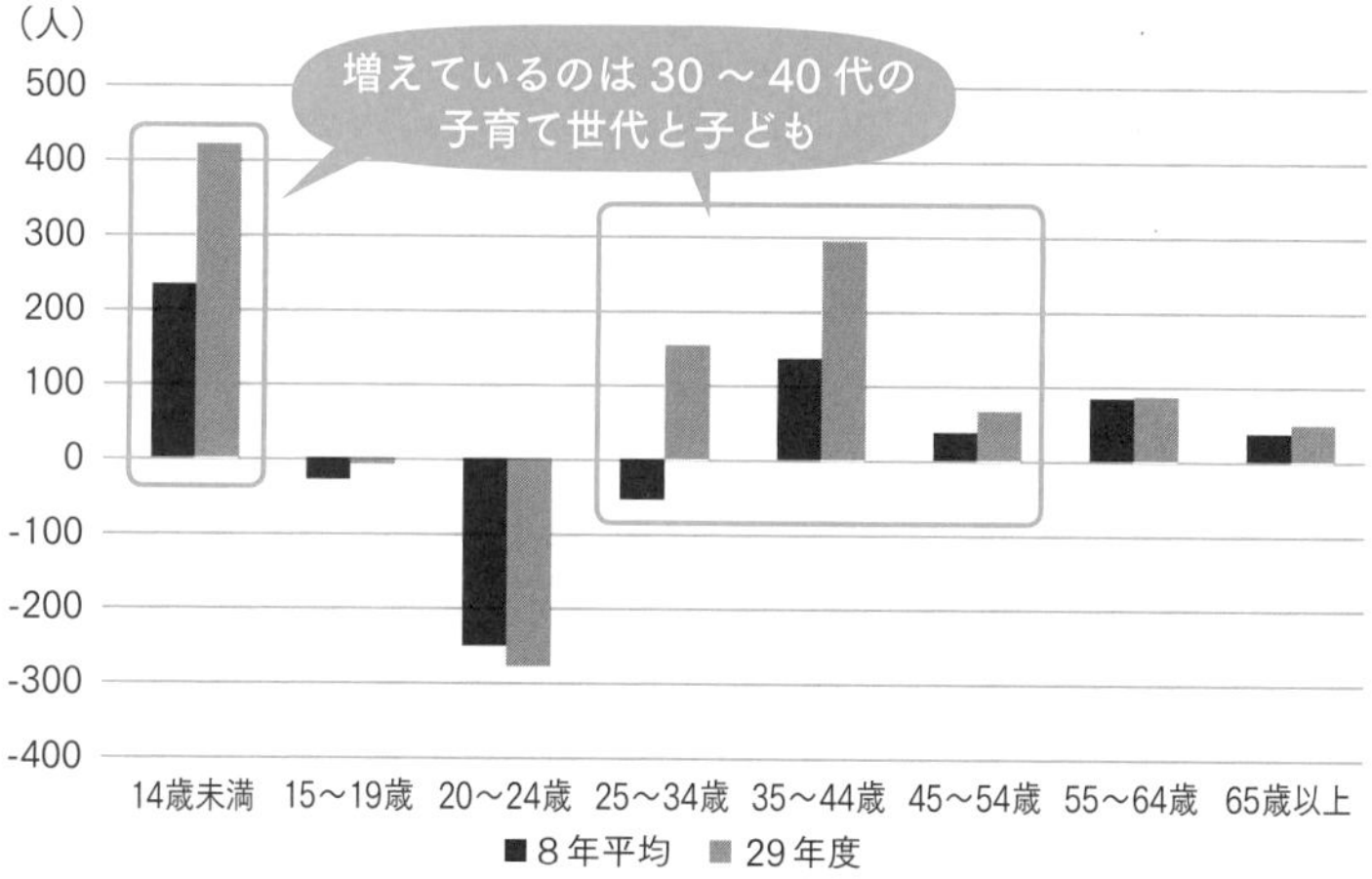

資料：福岡県人口移動調査（福岡県 H30）

つまり、新規顧客を満足させ、いかに**リピーターになってもらうか、長く支持してもらえるかが重要**なのです。だから、せっかく移住してくれたのに、住みにくいとがっかりされるようなことになってはいけません。

子育て世代の暮らしブランドが長く続かない

糸島市は雑誌の**全国子育てしやすいまちランキングで1位**に選ばれるなど、子育て世代の転入が増えています。さまざまな遊びや体験ができる豊かな自然やそこで収穫される新鮮な食材、九州大学の学習支援、海外学生との交流など、子どもにとってこの環境は最高だと思います。ただし親にとっては少し違うかもしれません。飲食店、WEB、創作活動など起業してビジネスができる人たちは仕事と余暇が一体となったこの環境を満喫できますが、サラリーマンにとっては福岡市に働きにいくしかありません。移住者はその2択でほとんどを占めているはずです。

一方で、自然減少は急速に進み、粗出生数（人口千人当たり）は福岡都市圏で最下位を競っています。全国的に加速する少子化の流れ以上に、糸島市は相対的に低い状況にあります。粗出生数とは、ある期間の始めの時点の人口総数に対する期間中の出生者数で、各期間の

人口異動の状況

社会増減はプラスに反転！　　自然増減はマイナス加速！

年度	社会増減			自然増減			増減数合計
	転入数	転出数	増減数	出生数	死亡数	増減数	
22年度	3,587	3,793	▲206	764	905	▲141	▲347
23年度	3,495	3,585	▲90	730	908	▲178	▲268
24年度	3,452	3,517	▲65	698	914	▲216	▲281
25年度	3,742	3,767	▲25	706	956	▲250	▲275
26年度	3,798	3,607	191	709	876	▲167	24
27年度	3,897	3,819	78	734	1,001	▲267	▲189
28年度	4,112	3,321	791	684	1,014	▲330	461
29年度	4,352	3,495	857	700	973	▲273	584

資料：住民基本台帳　異動事由「その他」を除く（糸島市 H30）

福岡都市圏粗出生数（人口千人当たり）の比較（平成27年10月～28年9月）

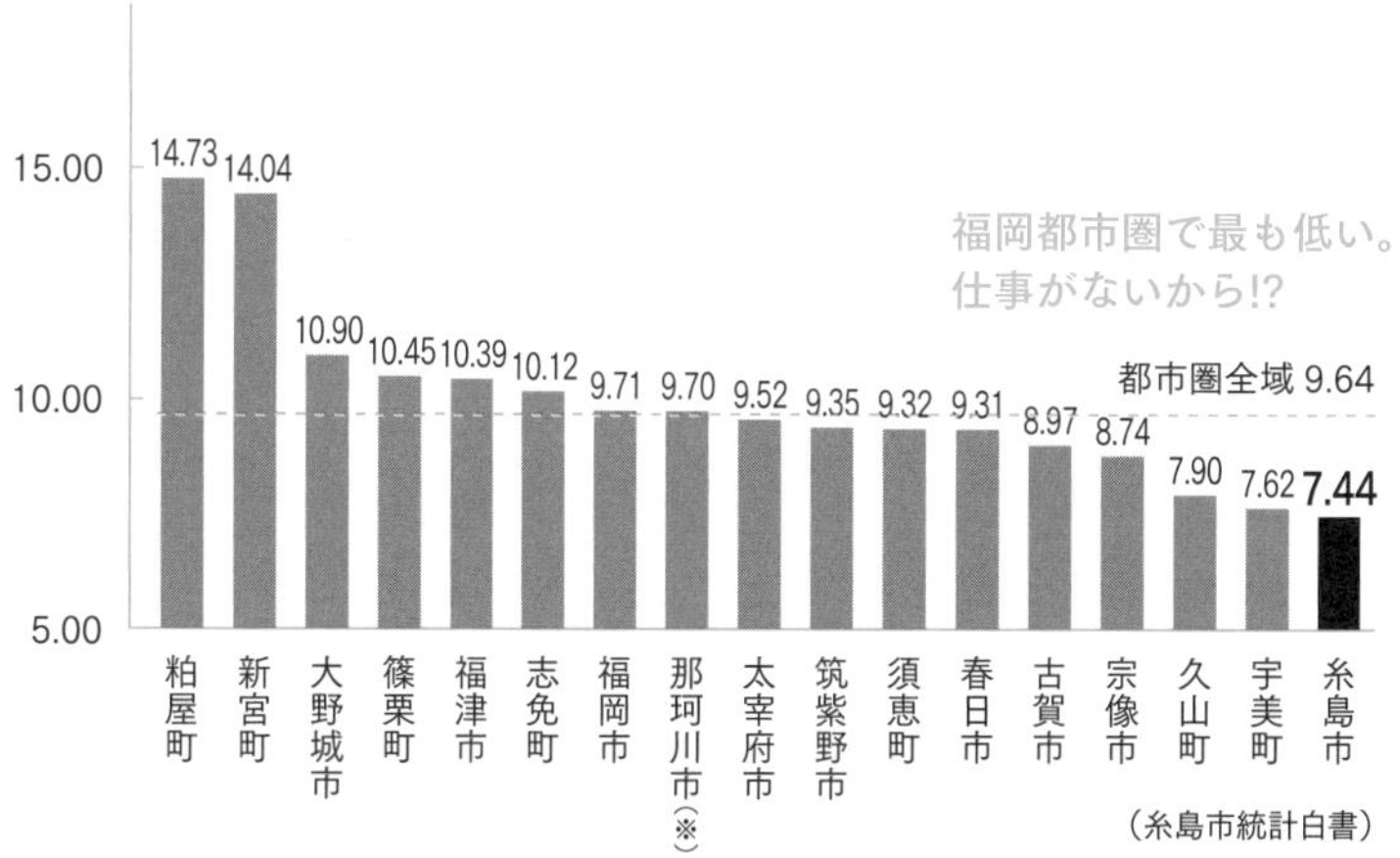

（糸島市統計白書）

※那珂川市は2018年10月市制施行。本書ではそれ以前の那珂川町のデータについても現行の那珂川市と表記している。

出生者数の推移から出生による人口増加（自然増）の傾向をみる指標として用いられます。

この世代に「ずっと糸島に住みたい」「人に勧めたい」とファンやリピーターになってもらえないとブランドは維持できません。僕は、子どもを育てやすい自然環境や食材には感動してもらえていて、**大きな問題は「糸島市内に仕事がない」こと**だと考えています。そして、それがブランドの維持を阻害する大きな要素のひとつだと推察しています。

なかには糸島市に仕事がなくても、福岡市内で働いて、糸島市には住んでもらうだけでいいという意見もありますが、僕はそう思っていません。理由は、通勤時間と合計特殊出生率の相関関係を表すグラフを見てもらうとわかります。通勤時間が往復70分、出生率が1・53（バブル期程度）が境界線であり、往復70分を超えると徐々に出生率が下がる傾向にあることがわかります。糸島市から福岡市中心部まで通勤して、ドアトゥードアで往復70分で行き来するのは厳しいことです。

このデータを頭において実際に現場に出て、働く女性にインタビューして回ったことがあります。するとデータどおり、通勤距離と時間を苦痛に感じて仕事を辞めたと話す人が何人もいたことに驚きました。だから自分でできる仕事を始めたり、パート社員に変わったと話してくれました。

県別の1日当たりの通勤等の時間(2016年)×合計特殊出生率(2015年)

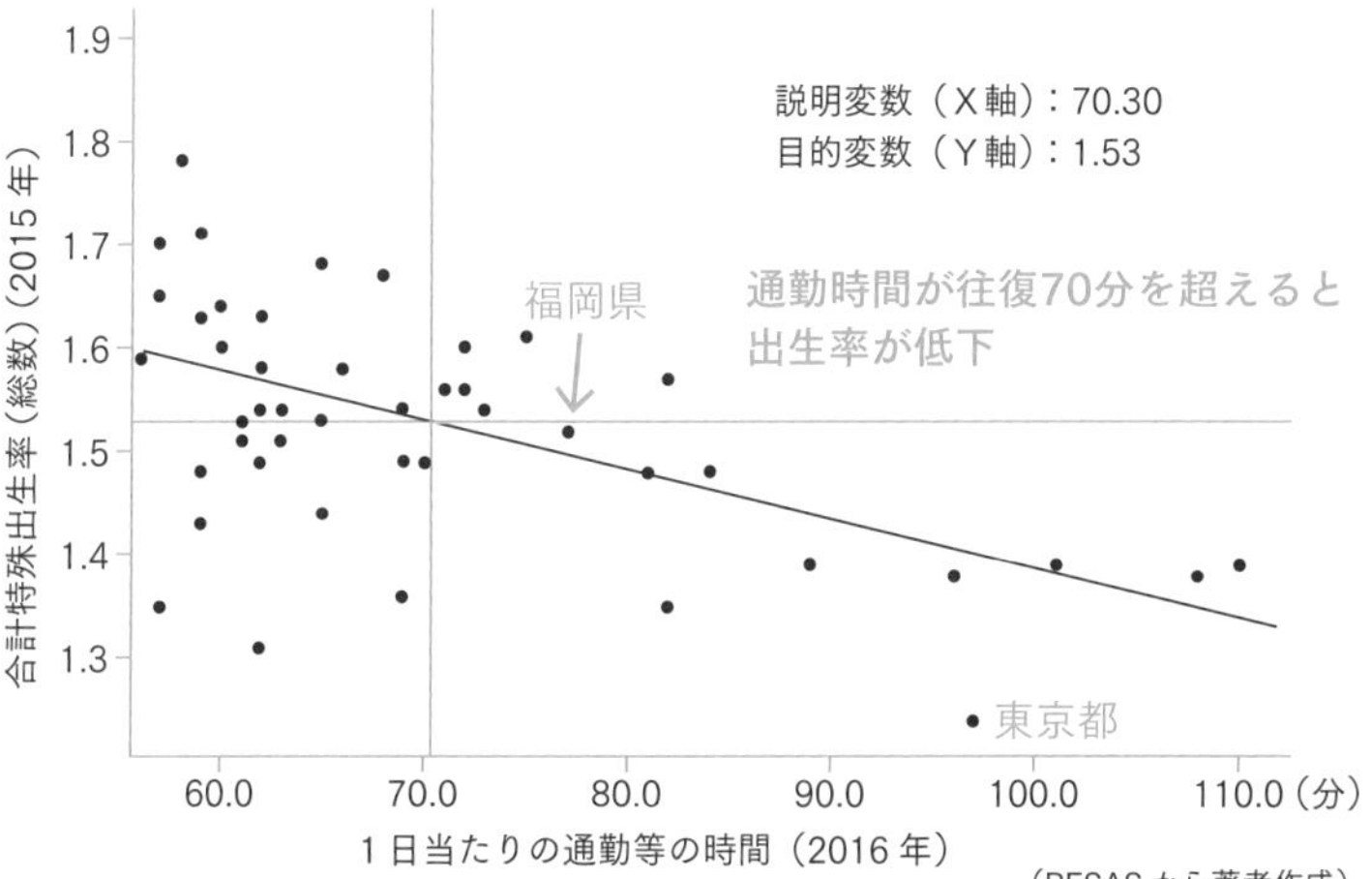

(RESASから著者作成)

子どもの数が増えるための支援・対策(複数回答)(N=545)

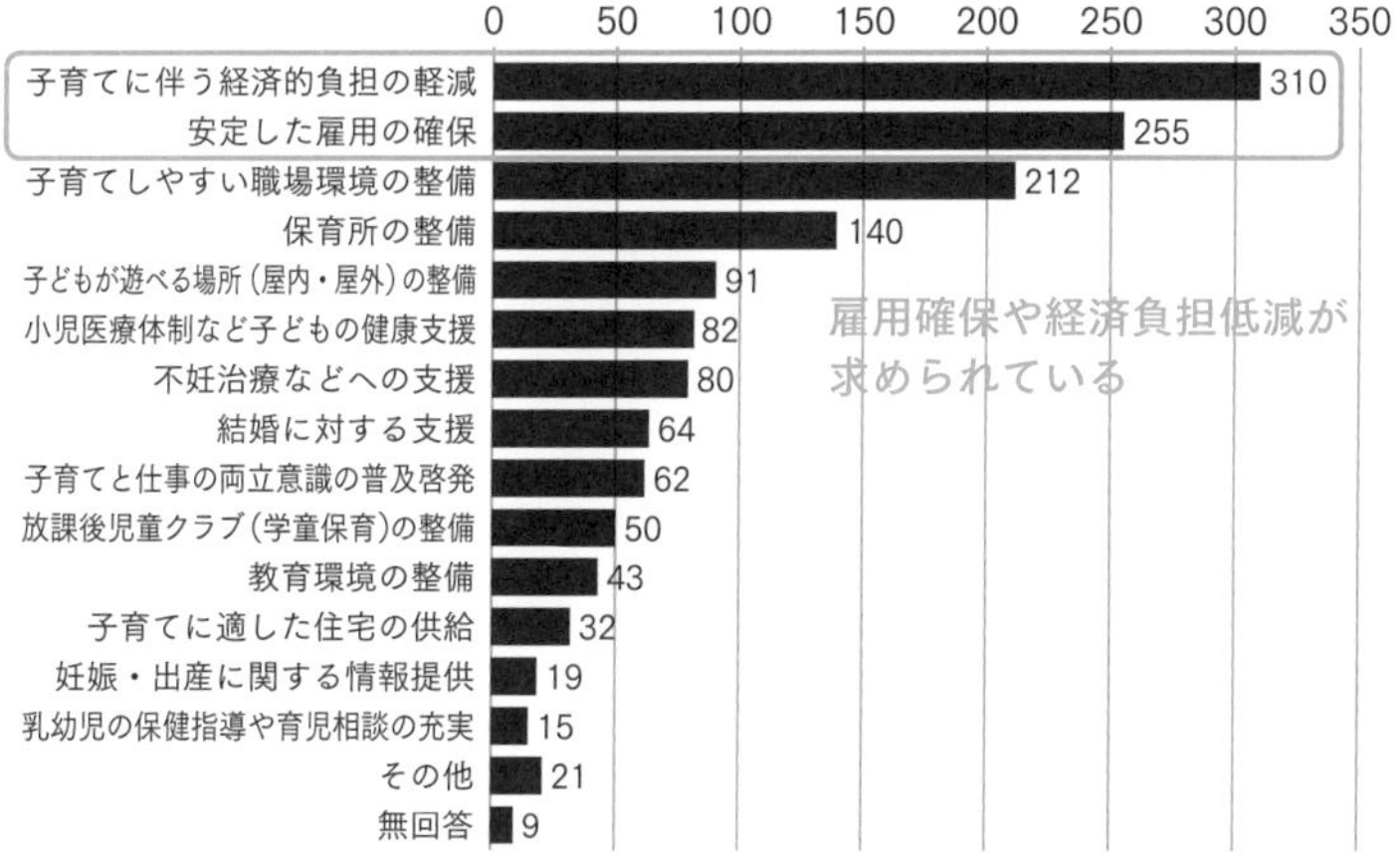

資料:まち・ひと・しごと創生糸島市　人口ビジョン(糸島市H27)

実際に糸島市が実施したアンケート結果でも、2位が「安定した雇用の確保」でした。1位の「子育てに伴う経済的負担の軽減」も安定した雇用や職場の保障があれば経済的負担の軽減につながるはずです。糸島市内の現場の声でも先に分析したデータと同じ状況になっています。

僕は子どもを産み育てられないようなまちを目指したいとは思いません。「ブランドづくりは、リピートしてもらうこと」が鍵。だから、糸島市内に仕事が必要です。**子育て世代の暮らしブランドをつくろうとする糸島市にとって、「職住近接」が大事な要素のひとつ**であると思います。どんなに食、歴史、自然、教育をPRして、訪れてもらっ

夫婦とそのどちらかの母親との同・別居の平均出生数

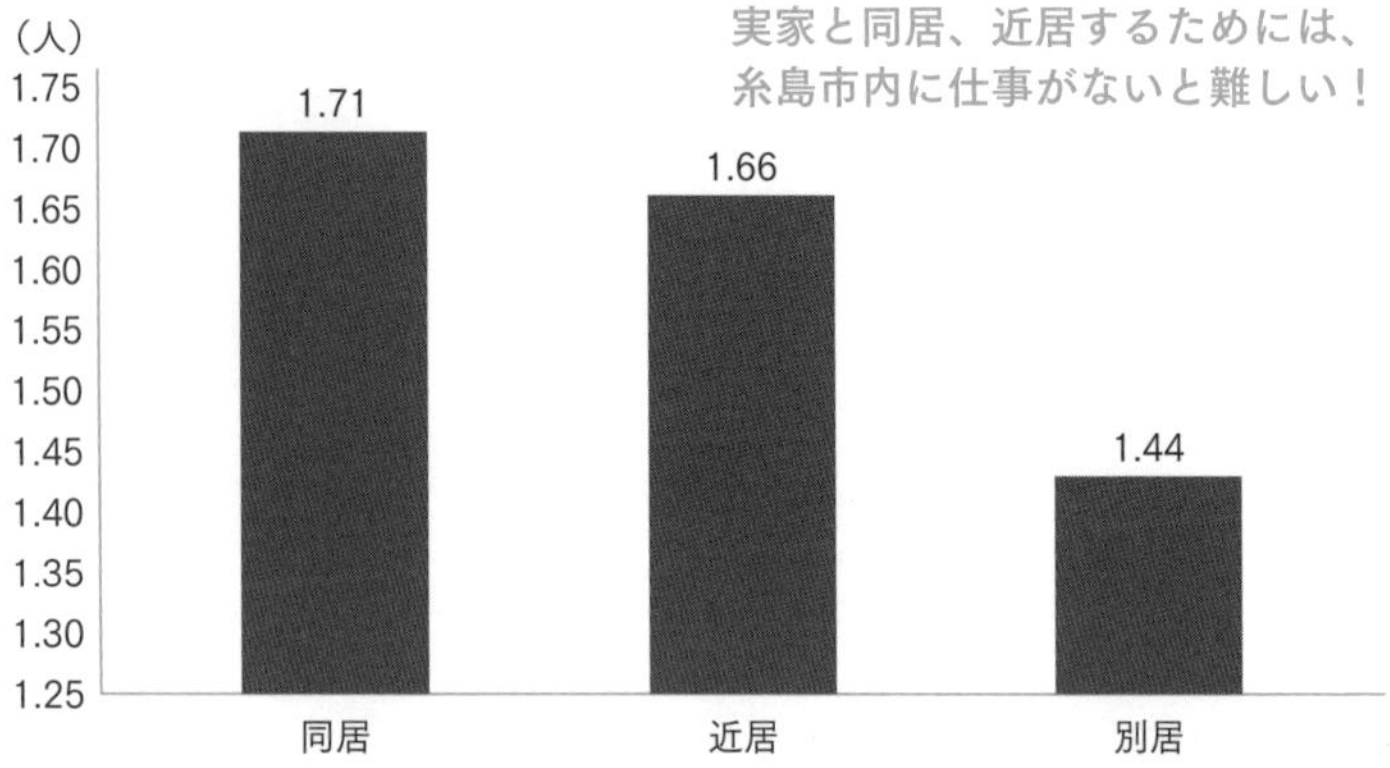

※近居は同じ市町村内

国立社会保障・人口問題研究所「第15回出生動向基本調査」(2015)から筆者作成

ても、実際に住んでがっかりさせてしまうとブランドは維持できません。隣の福岡市に通勤して住むだけのまちではなく、糸島市内に働く場をつくりたい想いが強くなりました。

それに、一度は大学などの進学で市外に出ていかざるを得ないとしても、今の子どもたちが戻ってきたいと考えたときに、仕事がないと負のサイクルをつくることにもなります。「帰ってきたい」という動機は、出生率を上げるために重要な要素で、親との居住距離が近い夫婦ほど出生する子ども数が多くなる傾向があります。

移住の傾向を見てもわかるように10代から20代前半に一度大学などで外に出たり、外に就職したりする人が増えるのですが、親の近くに住むためには故郷に仕事があることが前提なのです。

肝心の仕事がない！

前述のとおり、暮らしブランドの維持・向上には、地域の仕事、もっと言うと、多くの人たちが働ける「産業」を育成するという視点が大切だと考え始めました。**そこで糸島の産業を調べるために、地域の産業ごとの儲けを表す「移輸出入収支額」に着目しました。**

産業ごとに市外に売る金額と市外から仕入れる金額の差を見ることで地域にお金が入って

きているかどうかを調べることができます。

糸島市の産業を見ると、収支額1位は農業で、水産業や公務が上位に続きます。それ以外の産業は軒並みマイナスで、普通のサラリーマンが就職できるような産業がないのです。稼げる産業がない状態で、外からお金が入ってこないので、糸島市で今以上に人を雇ったり給与を上げたりすることができない構図になっています。ただ注目したいのは、食料品製造業です。まだ収支マイナスではあるものの、2010年からの3年でマイナス63億円からマイナス2億円まで収支が改善しています。60億も市内に回したお金が増えたことになります。ここでも「食」が糸島を牽引していることがわかります。

多くの人の生活を賄うには個別の「事業」ではなく、このような「産業」が必要です。テレワークといっても限界があります。**今の糸島市に足りないのは圧倒的に仕事なのです。**産業は、経済的に市民の生活を支えるだけでなく、子どもを産み育て、「人の再生産が持続」する仕組みの源泉になります。

次に税収のデータを見てみると、やはり(!?)糸島市は福岡都市圏で法人市民税収が最下位。「企業がない」「産業がない」と財政も厳しいのです。そして、仕事があれば衣食住が満たされます。自分で追加投資して教育を受けさせることだって、老後の貯えをつくる

糸島市における移輸出入収支額（産業別）2013 年

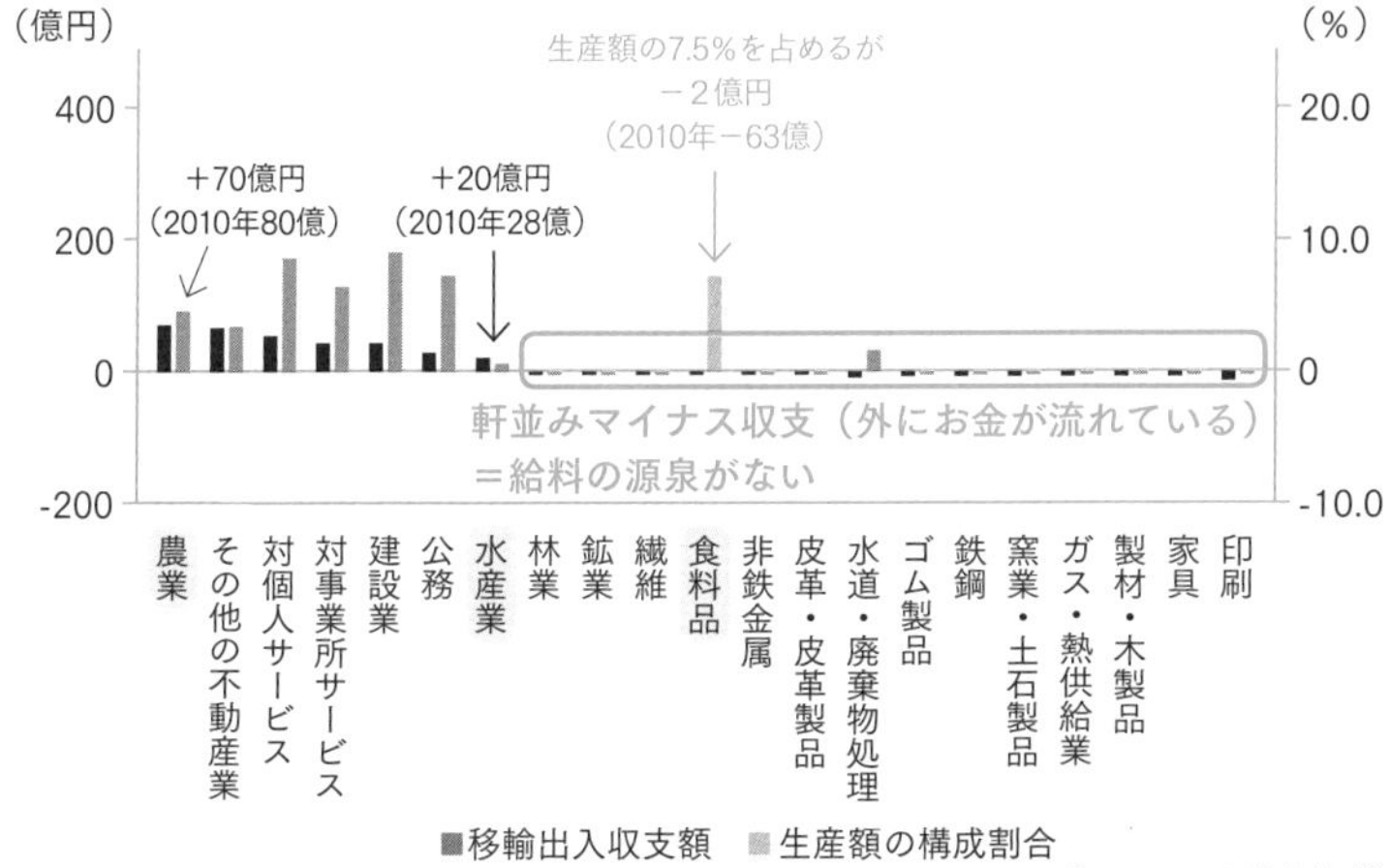

（RESAS から著者作成）

福岡都市圏における法人市民税・地方税収入の関係

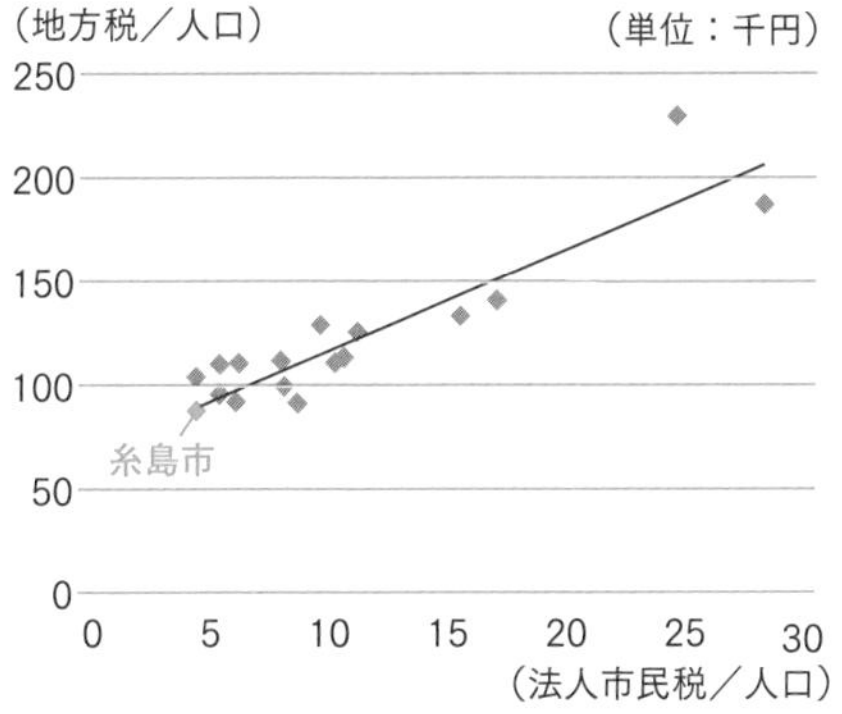

産業をつくれば税収が増え、
福祉や教育に投資できる！

福岡都市圏17市町における地方税など

（千円／人口当り）

都市圏	地方税	法人市民税
福岡市	189	28.4
久山町	232	24.6
新宮町	143	17
粕屋町	135	15.5
筑紫野市	127	11.1
古賀市	115	10.6
志免町	113	10.2
大野城市	131	9.6
宇美町	93	8.6
須恵町	101	8
那珂川市	113	7.9
太宰府市	112	6.1
篠栗町	94	6
春日市	111	5.3
福津市	98	5.3
糸島市	90	4.3
宗像市	105	4.3

（RESAS から著者作成）

ことだってできます。**仕事づくりは最大の福祉政策**だと考えています。

実際に糸島市の小売・卸売業の従業員1人当たりの年間販売額を調べてみると、福岡都市圏においてワースト2。ちなみにワースト1は宗像市。福岡では糸島市、宗像市というと、テレビや雑誌に取り上げられる機会も多く、宗像市は世界遺産の登録もなされたところ。この2市がワースト1、2と知って驚く人も多いでしょう。

ちなみに、福岡に縁のある方なら、人口3万人の篠栗町が福岡市を抜いて販売額が多いことが気になるかもしれません。理由はコープ九州（生協の本部）があるからです。企業本社の誘致効果は大きいといえます。

さらに、生産性を調べるため従業員規模で分解してみると、従業員数が5人未満の事業所では、従業員1人当たり年間平均販売額が1000万円を下回る傾向にあり、ここに壁があると考えました。この層が糸島市にどのくらいあるか調べると実に60%に及び、データでみると事業者は経済的に潤っていないことがわかりました。このような小規模事業者の生産性が上がり、稼ぐ産業になっていけば、糸島市でも働ける場が増えるようになります。**世の中の企業の99%は中小企業です。1%の大企業をこぞって誘致に行くより、地場の中小企業を育成するほうが効率も高く、地域経済の文化を残し、産業間や人のつながり**

福岡都市圏における卸売・小売業の従業員当たり年間商品販売額の比較（平成24年）

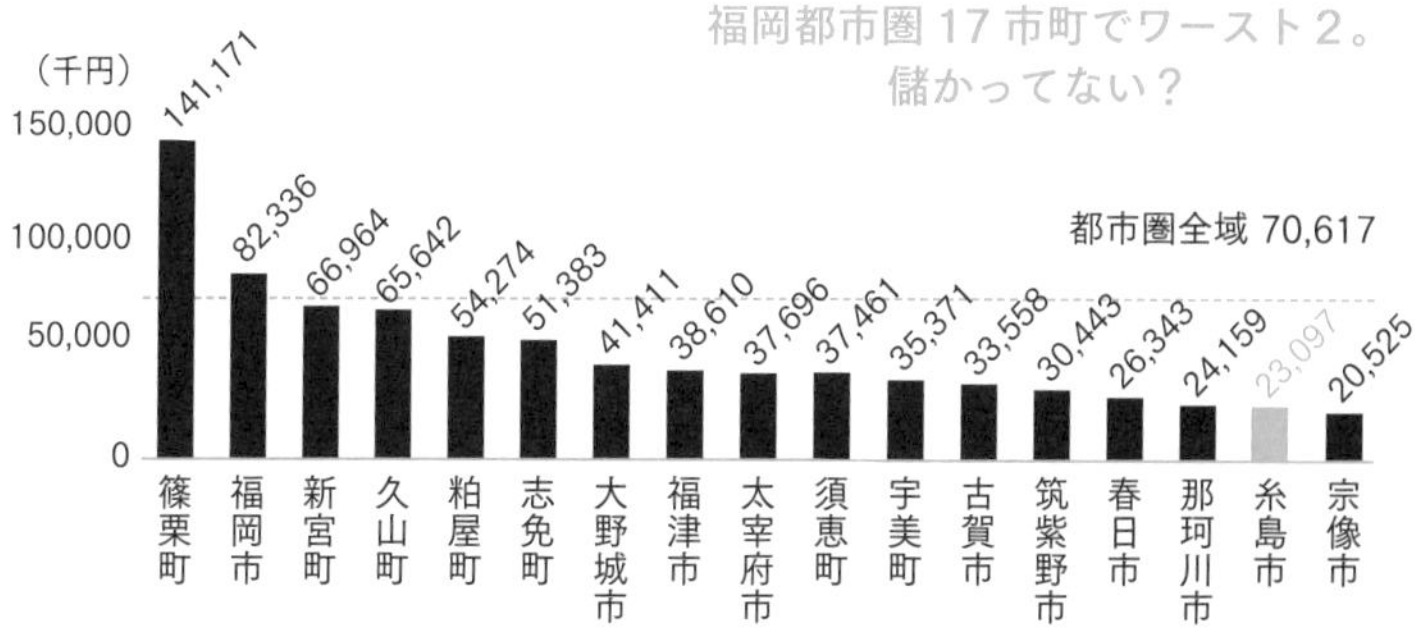

（糸島市統計白書）

小売業における従業員規模の年間平均販売額

糸島市の5人未満の事業所割合

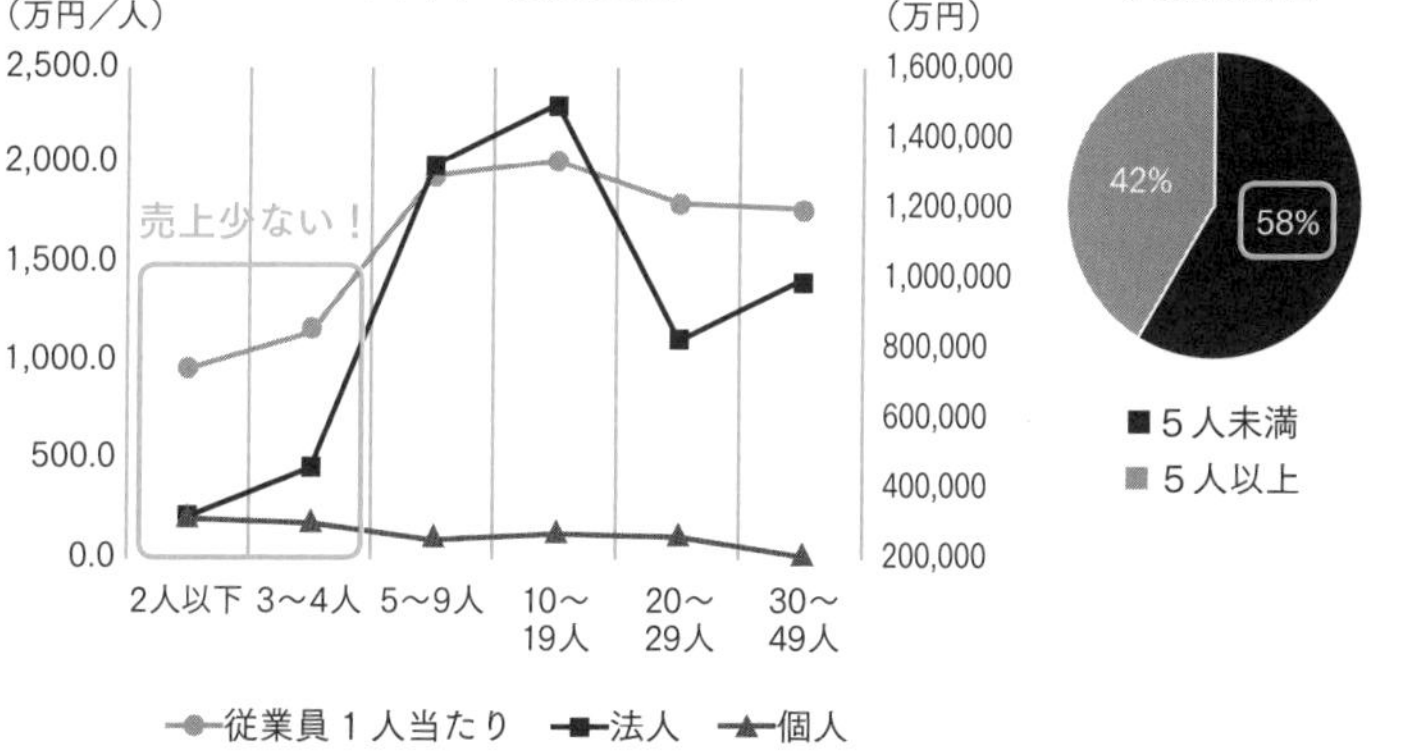

（商業統計調査から著者作成）

などより強みが活かせると思いました。

ここで誤解をしてほしくないのは、従業員数や販売額だけで該当する事業所をすべて「小規模事業者」と一括りにしているわけではありません。これに目くじらを立てられたこともありますが、僕はデータによって「従業員数5人、1000万円／年・人」と境界を定義しているだけで、世の中に明確な基準や呼び方があるわけではないし、もちろん若い人でバリバリやっている人もいれば、少人数で大きな売上を上げている企業も僕は知っています。これは政策を有効に打つため、糸島市全体の底上げを考えるため、データの分析のためにターゲットを絞ったことを申し上げたいだけなのです。

そもそも、すべての小規模事業者の生産性を高めることができるとは考えていません。急激な人口減少と少子高齢化の影響で、労働者の確保は難しくなり、企業の数は減る方向に時代がシフトします。市町村や大企業の合併もその予兆です。人口減少により需要も減る中で、少人数でも売上げを上げていく人たち、外に売る観光や輸出力をつけ、それでも事業を大きく、稼ぎを上げていきたいと思って取り組んでくれる事業者を増やしていくしかありません。事業者がチャレンジできる仕組みをつくりたいと思ったのです。

やはり「食」だけは

5人未満の事業者が60%といっても、さまざまな業種があります。これだけ観光客が増え、まったく稼げていないかというとそうではありませんでした。小売業全体を見ただけだと、わからないので、**業種ごとに付加価値額（稼ぎの大きさ、儲け額）を分けてみました。**次ページの上のグラフは特化係数「1」が全国平均なのですが、軒並み平均以下の稼ぎしかありません。そんな中、飲食料品小売業だけは、全国平均の2倍も稼いでいることがわかりました。

小売業だけでなく、糸島市の製造業の付加価値額上位5業種を見ても、食料品がもっとも稼ぎが多く伸び続け、実に上位5つのうちの半分近くを占めています。さらに分析を深めると、食料品製造業は、他の産業に対する影響力がもっとも大きく、糸島市の中で地域への経済波及効果が大きいのです。

糸島市の農業と水産業は、先に見たように移輸出入収支額がプラスで、あわせて100億円を稼ぐ産業でした。やはり「食」が糸島の稼ぎ頭であり、重要な産業となっていることがわかります。

戦略は組織の資源配分（ヒト・モノ・カネ）を決めなければならないため、どこに戦力

糸島市内における産業別特化係数（2012 年）
指定地域：福岡県糸島市、指定産業：卸売業・小売業

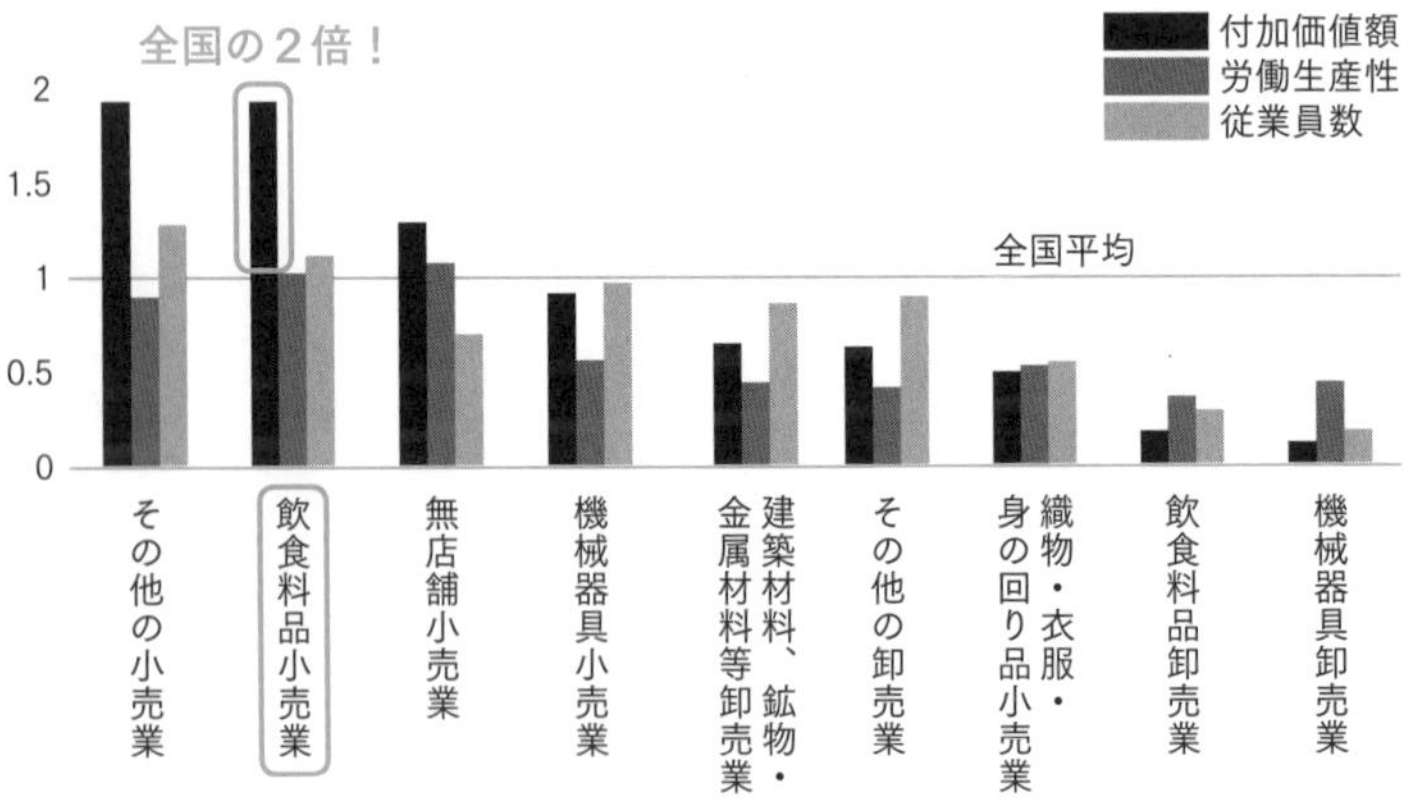

（RESAS から著者作成）

市内製造業の付加価値額

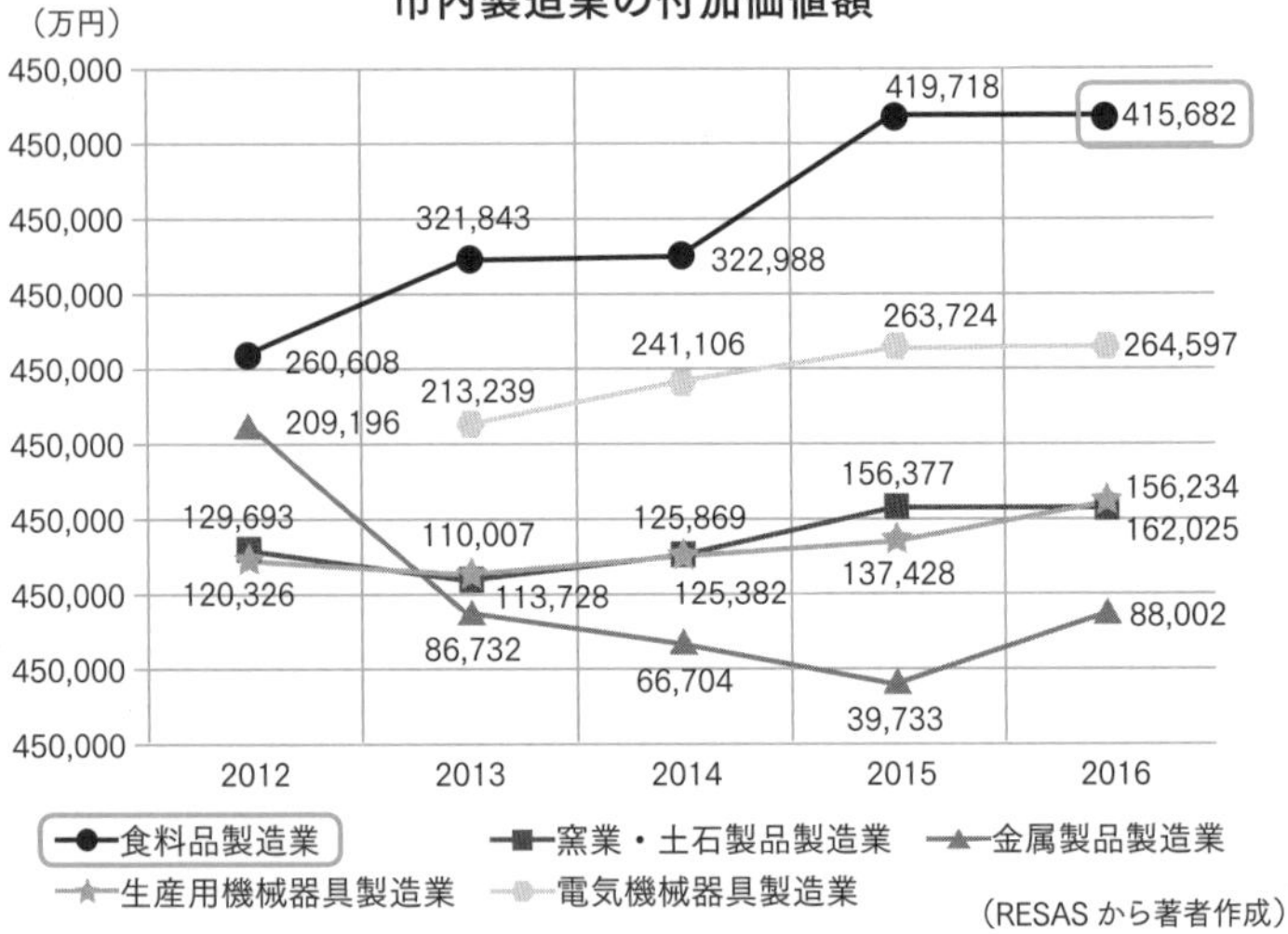

（RESAS から著者作成）

をつぎ込むかを決めなければなりません。**つまり「やらないことを決める」のも大切なのです。**だから僕は、「食」を地域戦略として徹底し、食料品関連産業をもっと伸ばすことで全国平均の10倍も20倍も大きな産業にし、他の産業も発展させることが糸島市の戦略として適切だと考えました。

儲かる産業をつくれば仕事は増える

糸島市の基幹産業のひとつである漁業では、グラフに示すように年間販売額500万円未満の漁家割合が減少し、500万円以上の割合が増えています。**「あれ？　漁業者が増えている」、後継者不足が全国的な課題になっているのに珍しい傾**

糸島市の漁獲販売金額別経営体数

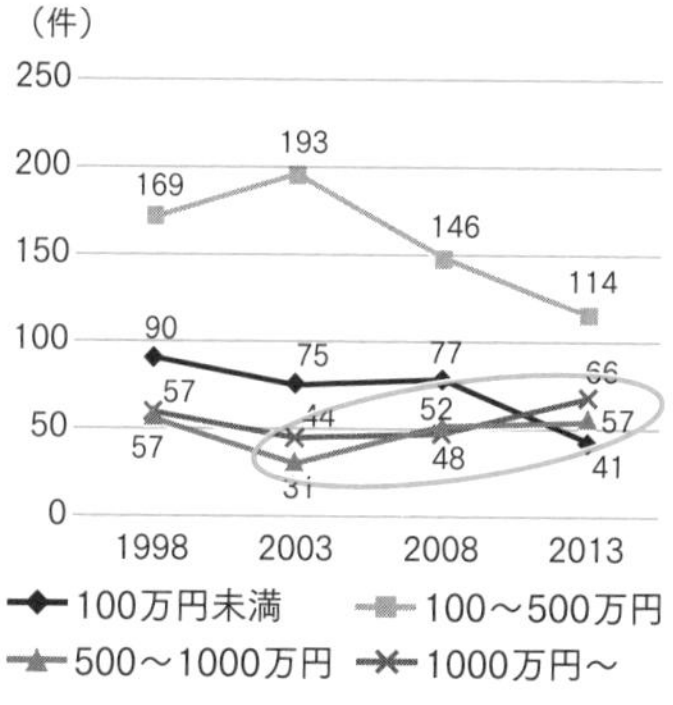

500万円未満の漁師さんが減り、500万円以上の漁師さんたちが増えている！

糸島市の漁獲・養殖量

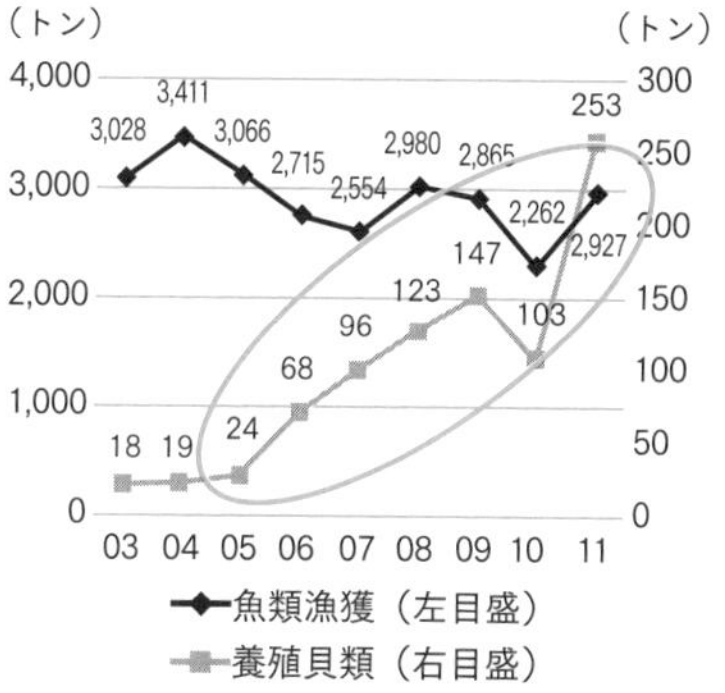

同時期からカキの養殖量が増えている！

（漁業センサス、糸島市統計白書から著者作成）

向だと思いました。これも漁業者全体の人数の推移だけを見ると、「減っているな」で終わってしまい、何も気づくことはできませんでした。繰り返しになりますが、売上階層で分けたように、**データは分解することが重要です。**

すると、廃業も多いが、新規参入している漁家も存在することがわかりました。次に考えたことは産直施設の影響です。しかし、同じ産直の影響を受けるはずの農家ではこのような傾向は見られず、漁業特有の傾向だと考えたのです。漁業特有……、糸島市の人であれば真っ先に思いつくのがカキ小屋です。

そこで、漁獲量のうち、養殖貝類だけの

海面漁獲物等出荷先別販売金額の構成

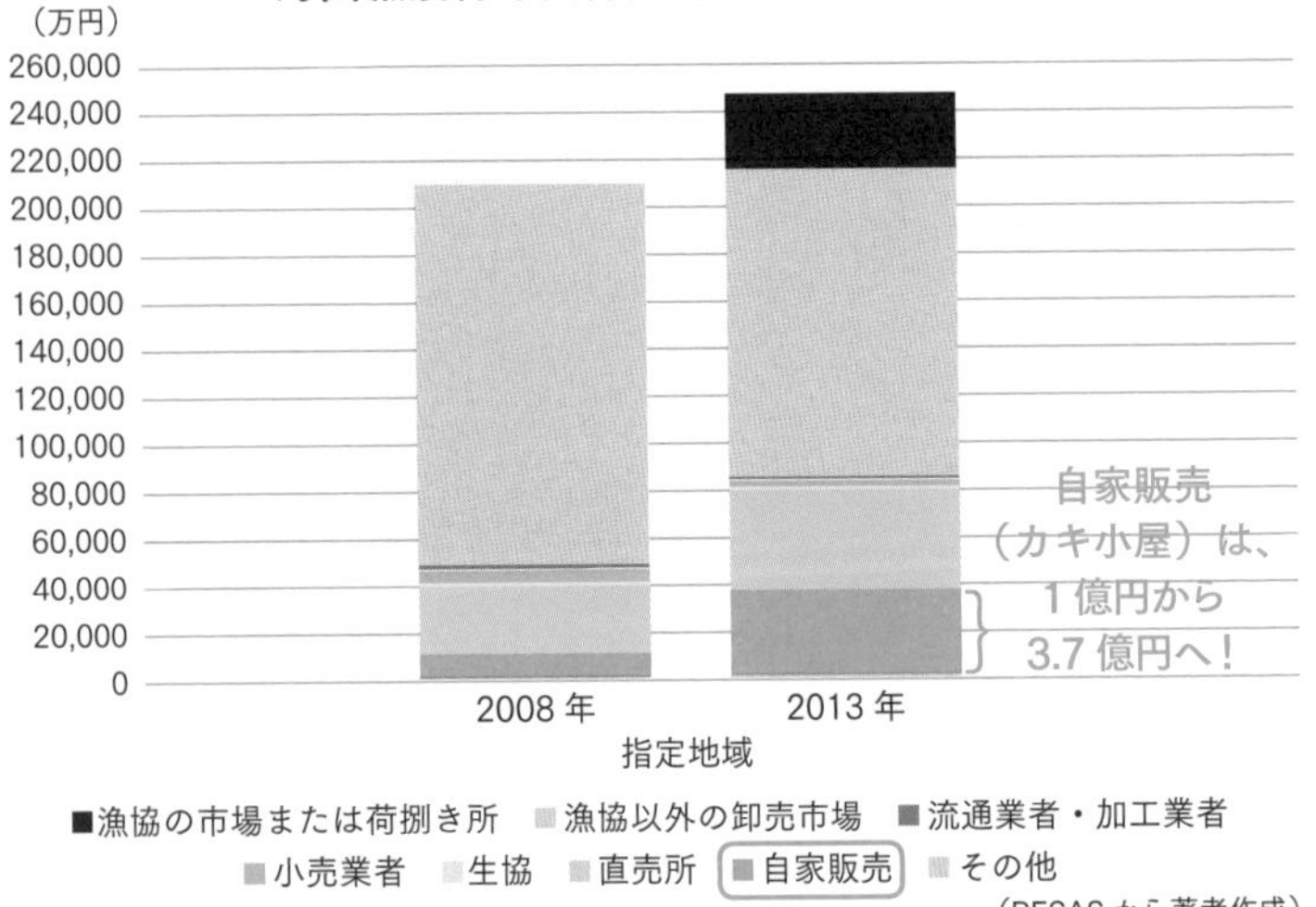

（RESAS から著者作成）

漁獲量を抜き出してみました。漁獲量全体だけを見ると、これも単に減少傾向しかわかりませんが、**分解したことで貝類だけが急上昇し、カキ養殖漁師が増えたのだとわかりました。**

ではどのくらいの稼ぎがあるのかを調べると、２００８年は1億円程度だったものが、２０１３年には3・7億円まで増加しています。「漁業センサス」（農林水産省による漁業関連の調査）が5年に一度でまだ公表されていませんが、現在カキ小屋のサイドメニューまで含めると推定で10億円以上になっています。

産業ごとの移輸出入収支額で見たように、糸島市の漁業全体で20億円の稼ぎだったので、カキ小屋という一つの事業が漁業に大きく貢献しています。また、糸島カキのブランド化が零細層を引き上げる効果があったことがわかり、こういったブランドをつくることの重要性がわかりました。

糸島市には、レストラン、カフェ、パン屋、食品製造業などの立地や生産性が増えています。**市内の「食」を柱に産業をつくり、大きく育てることで、観光や暮らしのブランドの重要な要素だと根拠が持てれば、このような事業者を支援する施策はブランドづくりにつながると確信を持ちはじめました。**

方向性は決めた、現場で確信を得る

まず、これらの分析をもとに現場で検証するため、事業者30社ほどに協力をお願いし、インタビューに回りました。こういうとき、これまでのお付き合い、職場の人たちからの紹介など、市職員であることが力を発揮します。個別の相談にお金が払えない市に対して、30社も協力してくださったのです。なかには「俺の時間を奪っておいて、役所はコスト感覚がない」と皮肉られることもありました。**どうせ何もしなくても税金というコストが発生しているのなら、長い目で地域経済を少しでも豊かにして恩返ししようと、割りきって協力を仰ぎました。**一方で、ほとんどの方が、快く時間を割いてくれました。「あなたのようにチャレンジする職員がこれから必要よ。どんどん挑戦して。応援しようけん」と励ましてくれる人もいました。**自分の会社のことだけではなく、地域がまとまって一緒に糸島を良くしたいという気持ち**の強さが糸島のいいところであり、市職員が挑戦できる風土を地域からつくってくださる方もいます。

インタビュー調査の結果は表のとおりでした。最初は5人以下の人たちの課題を検証していましたが、どの業種、規模においても同様の問題を抱えていることがわかりました。

糸島市内の事業者への事業課題アンケート結果

5人以下　　（%）

従業員数	2人以下	3〜5人	6人以上	総計
新商品・サービス開発	0.0	11.5	4.0	6.3
マーケット情報	8.3	19.2	20.0	17.5
広告・宣伝方法	41.7	19.2	16.0	22.2
流通	8.3	19.2	24.0	19.0
相談相手	16.7	7.7	4.0	7.0
専門人材確保	0.0	0.0	4.0	1.6
後援者・会員の確保	0.0	0.0	4.0	1.6
資金支援	0.0	3.8	8.0	4.8
地域貢献	0.0	3.8	0.0	1.6
その他	25.0	15.4	16.0	17.5

時期:2016年6月から7月。対象:市内30の漁協、農協、生産者、商工観光事業者（飲食店経営者、製造工場販売担当者、産直従業員、工房経営者、若手就農者など）

事業者は宣伝や販路開拓などマーケティングに困っている！

SWOT分析

	＋	−
内部	[強み] ・食産業の牽引（観光、飲食店） ・福岡市への近接性 ・カキブランドの成功事例 ・糸島市食品産業クラスター協議会の設立	[弱み（課題）] ・6割を占める零細的事業者 ・マーケティング手法の未普及 ・食以外の付加価値額の少なさ
外部	[機会] ・福岡都市圏でのメディア露出の多さ ・福岡市に全国からの来客 ・福岡市の人口、観光客の増加 ・マーケティングの認知工場（DMP等）	[脅威] ・事故等発生による 糸島ブランドの損傷 ・競合自治体の台頭 ・経済低迷

（著者作成）

それぞれの箱をデータで分析して埋めてみる！

「広告費を捻出する余裕がない」「販路が広がらない」「営業できる人材がいない」「商品開発したい」などマーケティングに関することが課題やニーズでした。

これだけ話を聞けば、糸島市内の事業者がどのようなことを考えているか理解できてきました。直接話したことで、一層、事業者の生産性を上げ、経済的な豊かさを得ていくことが必要だし、なんとかしたいとの思いは強くなりました。

ここで、これまでの課題を整理し、**SWOT分析**を使い、「食産業の牽引」「福岡市の近接性」などの強み、反対に「6割ほどを占める零細事業者」「マーケティングという手法がまったく普及していない」など弱みをまとめました。**SWOT分析は表をデータで埋めていくことが大切です。本当の強み弱みを深く、明確に知ることができます。**ぜひ皆さんにも試してほしいと思います。そして僕は、分析の結果から福岡都市圏をターゲットに、食分野で、マーケティングの支援をしようと決めました。

糸島の未来を想うから仕事をつくる!

地方創生もそうですが、「稼ぐ」という言葉が地域における一つのキーワードになっています。**「そもそも何のためにブランドをつくるのか?」という目的に立ち返れば、ブランド**

という無形資産を使って、観光消費額や特産品販売額を増やしたり、移住者を増やしたりすることで、地域経済や財政を豊かにすること。つまり「稼ぐ」ための資産をつくろうとする取組みです。僕の仕事はブランドをつくることですが、その先に稼ぐ産業ができ、糸島市で働ける場所が増えること。そして、余暇を楽しむ人が増え、子育て世代に「住んでよかった」と思ってもらえることが、ブランドを維持する大きな要素であると考えているのです。

「稼ぐ」と言えば「外から来てもらう」「外に売っていく」の2択ですが、どっちがいいのか迷っている公務員の皆さんも多いと思います。僕の答えは「両方とも正解」です。そもそも、観光客だけ、販売だけなんて、地域経済を豊かにするために、片方を選んでいるほど余裕のあるまちはそうないはずです。

観光客が増えてきたことで、糸島市では食分野を中心に経済が伸びていることがデータでわかりましたが、外に売っていくことも効果があるのかを調べてみました。

日本という視点で見ると、GDPは「人口×生産性」で決まりますが、人口が減っているので、生産性を高めないと経済は低迷していくばかり。生産性は、先に紹介した付加価値額（儲け額）を労働者数で割ったものだから、とにかく分子の儲けを増やさないといけません。だからインバウンドや輸出のことが地方創生の話題になるのです。57ページのグラフのとおり日本の生産性は低く、輸出比率が高い国のほうが生産性が高くなっています。外に売っていったほうが、生産性が高まるのです。

これを地域に置き換えてみます。福岡都市圏のデータですが、グラフのように外に売って出ているまちのほうが地域の事業者が潤っていることがわかります。横軸には外からどれだけ稼いでいるかを示す「移輸出入収支額」をとって、縦軸には「小売・卸売業の従業員当たりの年間売上額」を設定しました。おおよそ100億円を外から稼げば従業員1人当たり700万円ほどアップできることがわかります。5人未満の事業者がちょうど5人の壁を超えていける額です。残念ながら糸島市は下位なのですが、農業が70億円ほどだったので、少し多い100億円ほど稼ぐ産業をつくることができれば、平均ほどの位置に上がることが見込めます。さらに言えば、もっと上位に上がりたいです。地域は国の縮図になっていると思うし、それは地域から日本に役立つ事例が出てくるという逆の見方もできます。繰り返しになりますが、**地理や資源も違うので、他の成功した事例を真似るのではなく、自分のまちに合う政策を考えることができる手法を学ぶことが大切です。**

糸島市の未来を思うと、2035年の団塊ジュニア世代が高齢者になる急激な時代変化を迎える「待ったなし」の状況の中で、今やるべきは稼ぐ産業をつくることと考えました。

各国の生産性と輸出比率

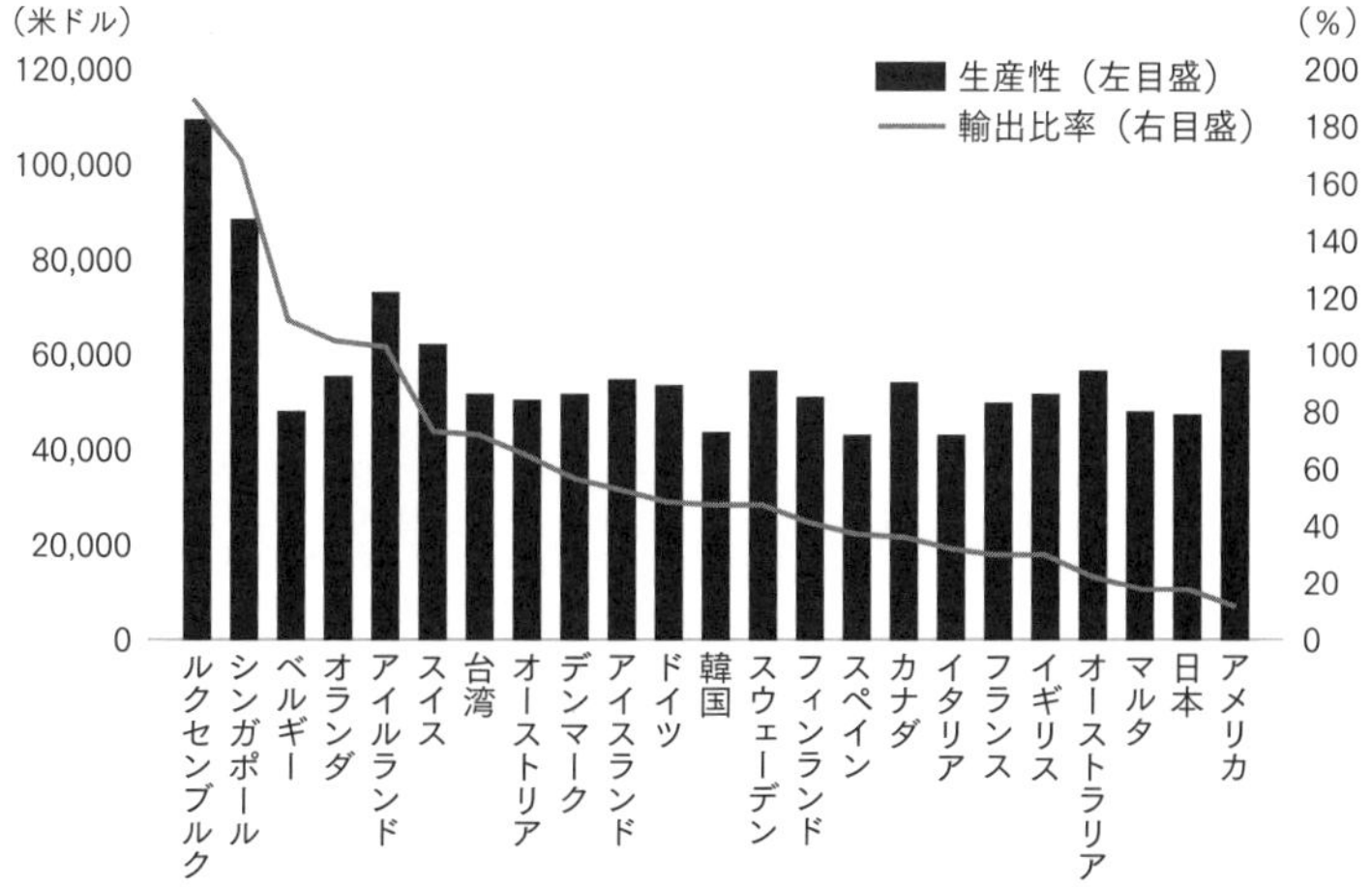

(デービッド・アトキンソン『日本人の勝算』東洋経済新報社)

糸島市近隣自治体における
移輸出入収支額と従業員1人当たり年間商品販売額

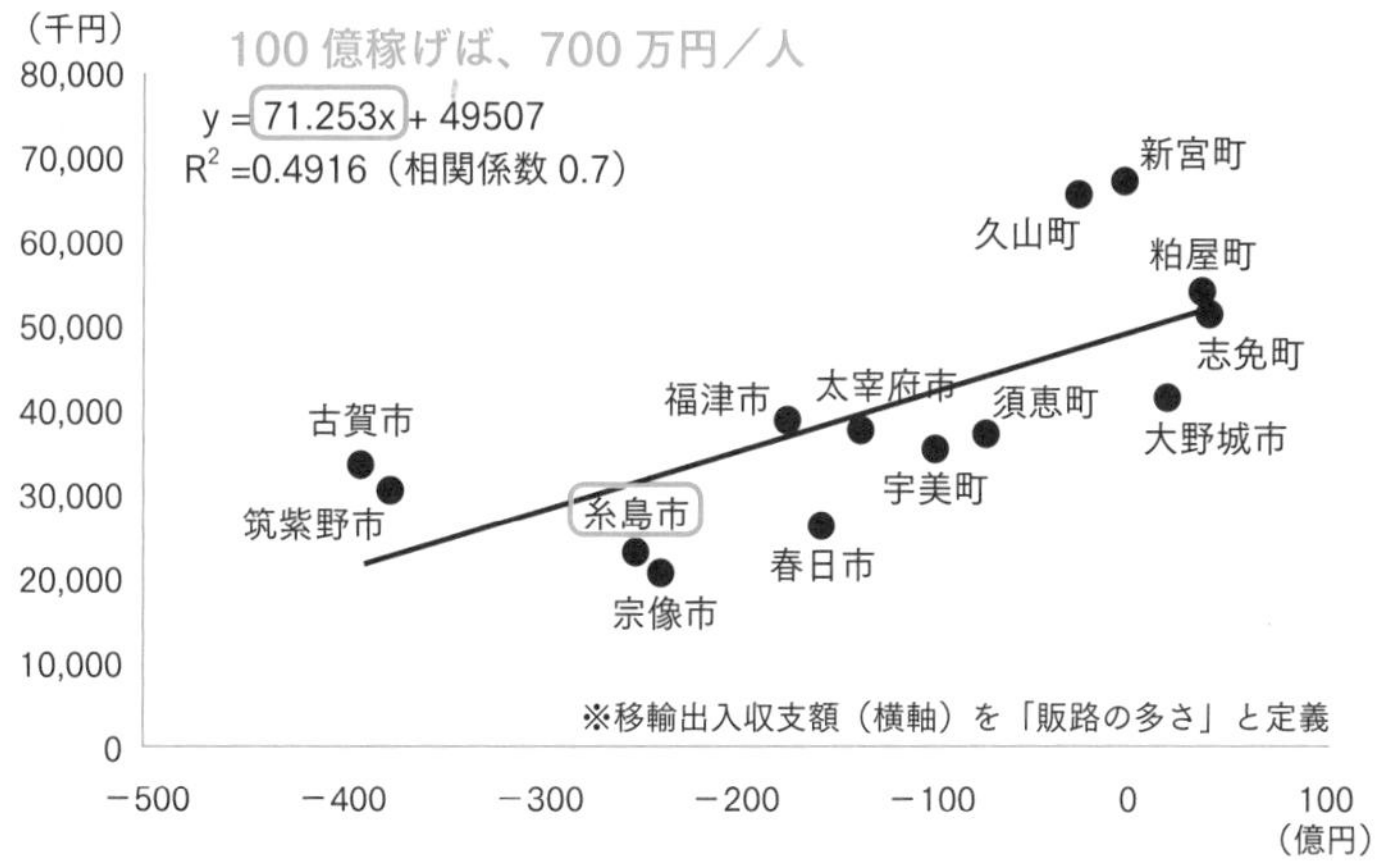

(RESAS、糸島市統計白書から著者作成)

本書でも出てきた「食」「文化」「自然」の観光客の目的で分解しています。すると、減っているのは「食」目的の観光客。

課題が一段掘り下げられ、狭くなったことが実感できたのではないでしょうか。

目的別観光入込客数の推移

（千人）

	2014	2015	2016	2017	2018
食	3,424	3,991	4,532	4,026	3,563
文化	856	904	931	1,098	1,223
自然	1,427	1,362	1,390	1,433	1,438
合計	5,707	6,257	6,853	6,557	6,224

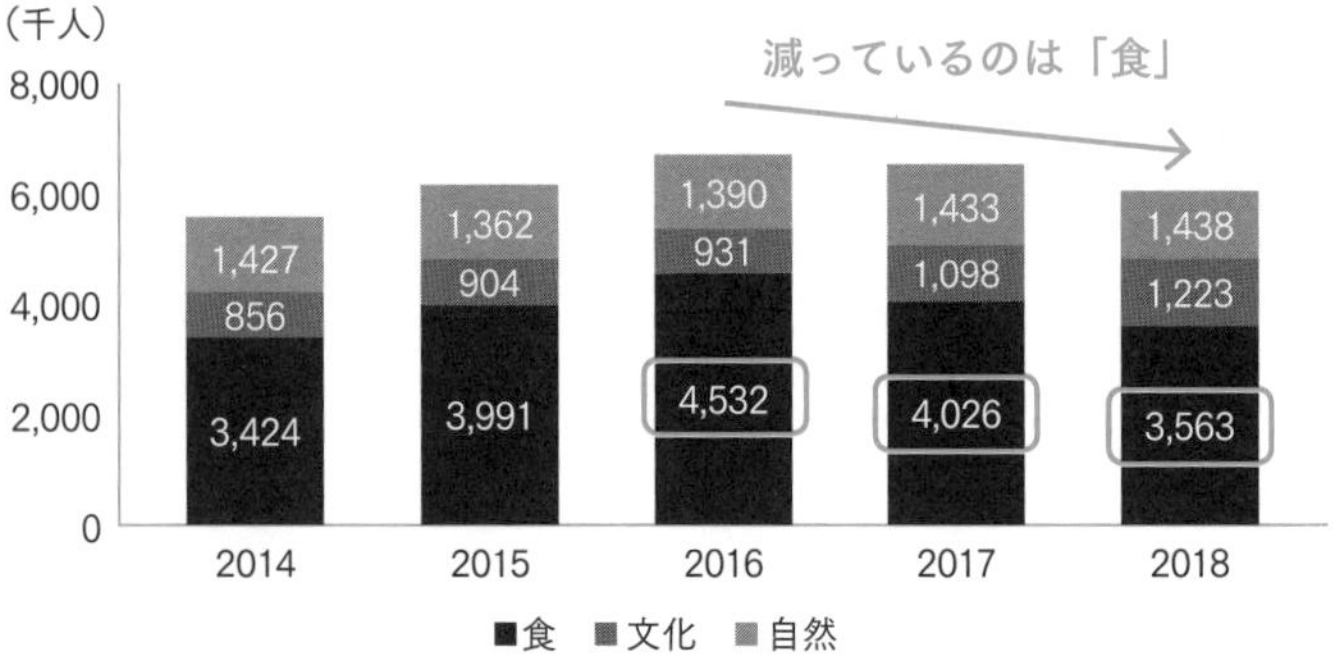

●打ち手がわかる

では減っている「食」をさらに分解してみましょう。産直施設？　飲食店？　または来訪元？　など、まちや会社の顧客データを分解して推移を見てみましょう。

分解すると、次の打ち手が自然と見えてきます。

ＭＢＡミニ講座②

３Ｃの次は「分解」で解決策に迫る！

●課題を狭くするために分解する

MBAミニ講座①では、３Ｃで分析の入口を確認しました。次は分析するときに、より深く原因を探るために「分解」します。よくある観光客の推移です。2017年に減少傾向に転じていますが、これだけでは減少の要因が不明です。

観光入込客数の推移

（千人）

2014	2015	2016	2017	2018
5,707	6,257	6,853	6,557	6,224

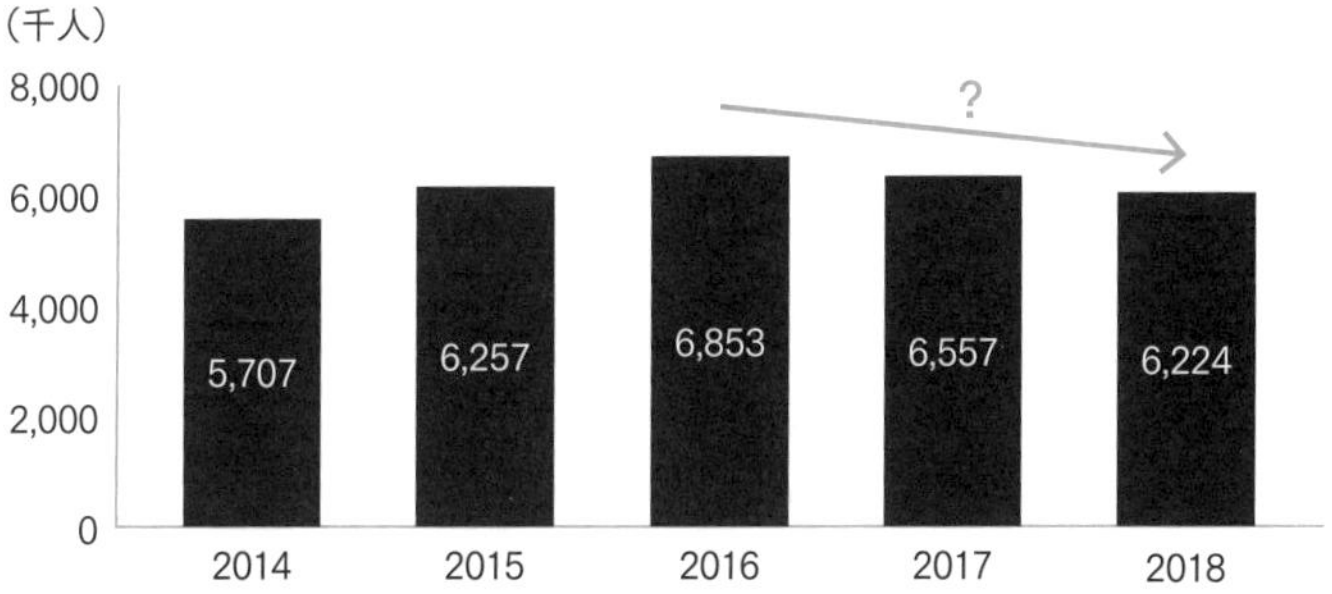

要因を知りたければ分解することです。

おいしいカレーライスを作りたければ、「食材」「調味料」「技術」「道具」などの要素に分解して、一つずつ考えていくとわかりやすいですよね。それとまったく同じです。

糸島時間を感じさせる海沿いのカフェ
（写真提供：糸島市）

第3章

地方創生大臣賞「糸島マーケティングモデル」が始まった

～糸島産「ふともずく」が全国区に

僕は、分析を着々と進め、資料を揃えることと並行して、**職場内では自分の考えを伝えて共有しながら動く**よう心掛けていました。すると、現場インタビューを行う際にも、異動してきたばかりの僕に、職場の同僚たちが事業者を紹介してくれたり、代わりに現場に行ってインタビューしてくれたりしました。これまでの仕事の方針や流れもあったはずですが、**若手が挑戦することを歓迎してくれる職場**でした。予算要求に間に合うよう、資料を揃えて同僚に相談すると「よし。上に話そうか」と驚くほどの即決で、会議室をとって一緒に説明してくれました。

しかし簡単にはいきません。上からの回答は「なぜ、今さら福岡市で新しいことをするの?」「こんな分析できるんだったら、健康分野なんかも分析して別のブランドやってみない?」と難色を示されてしまいました。当時は確かに福岡市における糸島の知名度はある程度高まっていたし、首都圏でのPRを積極的に進めてこられた上司だったので、僕の企画は的外れに映ったのかもしれません。

しかしデータを見ても、現地調査に回っても、福岡市に商品・生産品を出荷したいと要望する事業者、生産者は多く、このまま引く気にはなりませんでした。

「福岡市の顧客が糸島市の経済を支えていることはあきらかです。今は糸島の知名度が上がり、福岡では名前をつければ売れるかもしれませんが、競合が追いつけないほどの確たる実力をつけ、飽きられないようさらにサービスを改善していく必要があります」と僕は反論しました。

もうひとつ根拠があったのです。僕の故郷でもある隣の唐津市は観光分野で糸島市の10年先を行っていました。しかし、現在は衰退傾向にあります。分析してみると、衰退の原因は近隣からの日帰り客の減少でした。地元の友人たちに聞いても、あきらかに呼子のイカや七山温泉、土産店などの活気が落ちていることが感じられました。ちょうど糸島市にある産直売上日本一の「伊都菜彩」が10年を経過し、同じように売上げの上昇が頭打ちの傾向が見られていたので、この先、唐津市と同じ道をたどることを危惧していたのです。唐津市に対して糸島市が台頭したように、**同様の観光資源を持つ、福岡市近隣の福津市や宗像市もますますにぎわってきています。僕は危機感を感じており、一度で上司の理解を得られるとは思っていなかったので、「絶対あきらめない」と決心しました。**

どちらかというと組織内では、日帰り観光客数が伸び続け、宿泊観光客が少ないことが議論になっていますが、僕は市が主導してホテルを建てるなんてことはしなくていいという意見です。飲食店が増えてきているのと同じように民間資本で進出してもらうほうがいいと思っています。それよりも、唐津市は日帰り客が減ることで、明らかに観光客全体の減少に影響を及ぼしているのです。だから僕は、福岡市の人たちが楽しめる糸島の魅力を磨いて情報発信することが大事だと考えています。ちなみに独自に分析してみると、1時間30分の時間距離圏内の日帰り観光客はかなり多いですが、2時間くらいまでなら来てくれるという感じでした。このエリアに絞ればいいので、競合との差別化も図りやすくなります。「もう福岡市は充分」ということはなく、近隣大都市圏をはじめとした日帰り観光客への継続的なアクションは、地方創生の戦略の一要素として絶対に落としてはいけないのです。

むしろ、リピーターである既存市場に飽きられないよう、競合との差別化を図るために、新しいサービスを提供し続けなければなりません。**製品ライフサイクルといって、世の中**

の製品やサービスは「導入期」「成長期」「成熟期」「衰退期」の４つに分けられ、認知拡大、ブランドを高める市場浸透、シェアの拡大・維持、支出を抑えた保守的な販売を経て、どんな商品も最終的には消滅します。

民間企業が次々にサービスや商品を出しているのもそのためです。他にも、ブランドを損ねないよう、時代に合わせたり、飽きさせたりしないよう、ほぼ気付かれない程度にパッケージやキャラクターなどを少しずつリニューアルしているのです（「丁度価値差異」といいます）。

同じように、組織はトライ＆エラーの繰り返しで成長しています。つまり役所で言

製品ライフサイクル

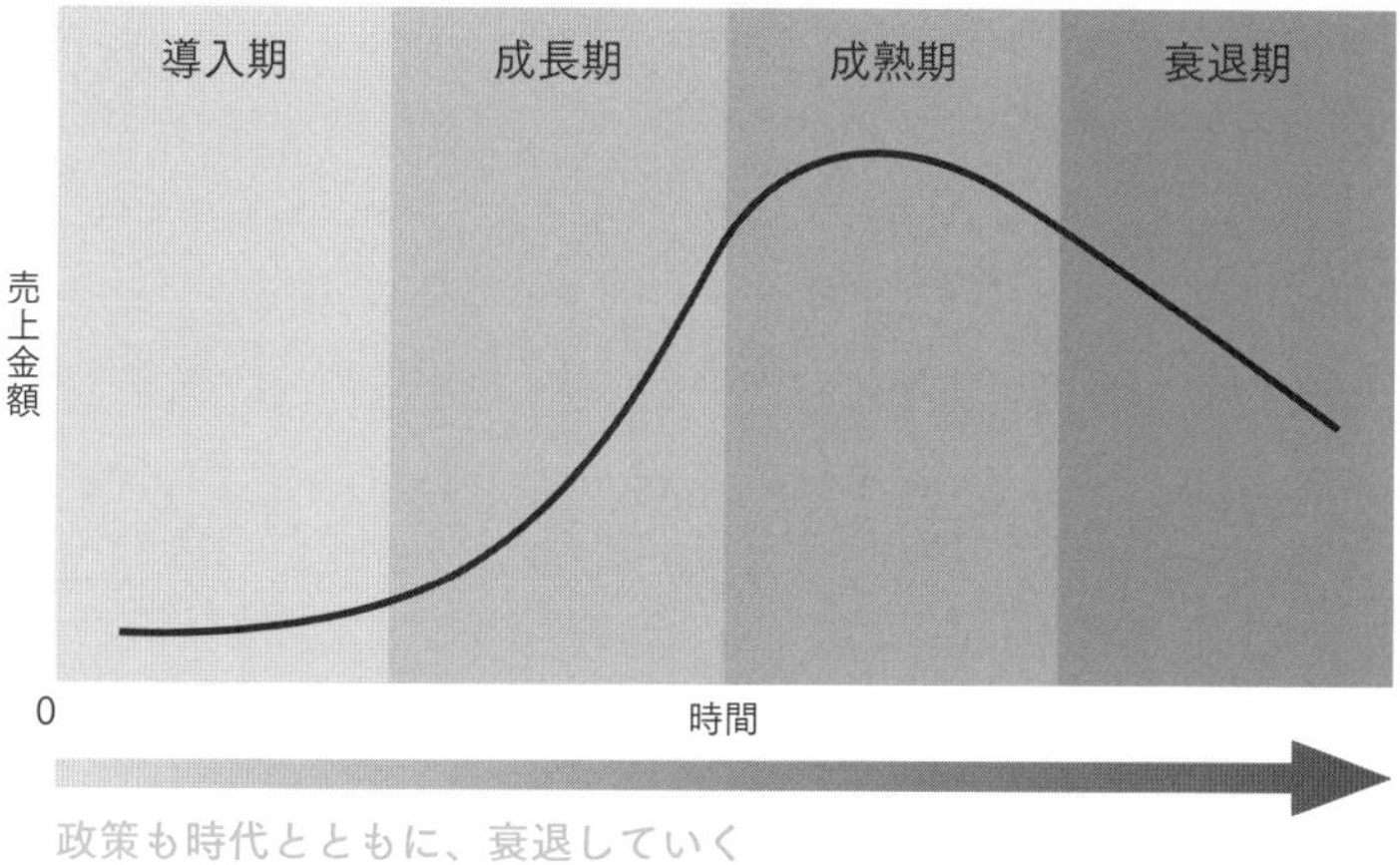

（著者作成）

えば、職員が政策立案をせずに前例どおりの仕事だけをしていては、地域を衰退に導いているのと同じです。高い競争率を潜り抜けて採用された優秀な若手職員に、政策を立案し、自分で仕事をつくる楽しさを早いうちから覚えてほしいと願います。それがまちの衰退を防ぎ、活性化に貢献できると思えば、こんなにやりがいのある仕事はないと思います。地方だから大きい仕事ができないということはありません。さらに全国から注目されるような先進的な取組みであれば、日本を、歴史を変えるような仕事だってできるかもしれないのです。

外の力を生かす

とはいえ、僕自身も福岡市だけでは市場は拡大しないので、並行してインバウンドや、県外の顧客にも情報発信を行い、観光客を呼び込んだり、産品の販売を促進したりする施策を実施していかなければならないと考えています。だから上司が考えるように東京へのプロモーション活動も必要な事業として行い、同時に福岡市でのブランド力向上、事業者のサービス力向上も実施していきたいと思っていました。

しかし内部調整は前述のとおり難航していました。あきらめるという選択肢はなかったのですが、一方で3か月を費やしての企画だったので「もしこの企画が実現できなかった場合、せめて自主研究として力試しをしたい」という気持ちで、政策アイデアコンテストにも応募したというのが後の受賞につながるきっかけでした。

組織内の調整と並行しながら、具体的なマーケティング支援策として、福岡市内でマーケティングができる組織を立ち上げたいと思いました。「地域商社」と言って、地域の農林水産品や特産加工品などを一手に集め、地域ブランド商品として、特に市外に向けて売り込んでいくような団体です。ただし、いきなり異動してきて3か月足らずで、しかも会社や団体を立ち上げる

ターゲットを想定して4つを同時に考え、
準備することが重要！

4P	項目例
Product（商品・サービス）	どんな商品・サービスにするか
Price（価格）	価格はいくらにするか
Place（流通・販路）	どこで買ってもらうか
Promotion（広告・宣伝）	どうやって知ってもらうか

（著者作成）

となると、労力も、コストも、失敗するリスクも大きくなります。

だから**小さく始めてうまくいけば大きくしていけばいい**と思い、まずは地域商社を立ち上げるのではなく、その機能だけを試すことのできる仕組みを立ち上げようと考えました。

マーケティングをするには、4つのPといって、「Product（商品・サービス開発）」「Price（価格決め）」「Place（流通・販路開拓）」「Promotion（広告・宣伝）」の4つを同時に行うことができる体制が必要です。

多くの競合と戦わなければならないのですから、これを市や地場企業だけで固まってやって成功させるのは難しい。**政策を立てるときには、組む相手が必要になり、外の力をいかに借りるかが重要になるのです。**特に、商品をつくり福岡市内で販路開拓と宣伝ができるように、価格以外の3つのP、それぞれの役割を得意とするパートナーが必要でした。

3Pのパートナーを探す

「商品開発は商工会に依頼して事業者を集めてもらえないか」「宣伝は糸島をよく取材してくださっている雑誌社の方々とうまく連携できないだろうか」など、頭の中は試行錯誤の毎日でした。4月から担当した業務の中に、福岡県庁の外郭団体が運営する通販サイト内で糸島の商品を集めたネットショップを運営するものがありました。ちょうど私が来たタイミングでサイトの運営会社が変わり、モノを売るだけでなく、生産者、観光地、地域全体を一緒に発信していくサイトに生まれ変わりました。その会社のライターさんと一緒に、糸島の事業者を一緒に回ってはインタビューし、商品の背景まで深掘りした記事を書いて、その通販サイトや東京の大手メディアに記事を掲載してもらっていました。

糸島の事業者を宣伝していく「Promotion（広告・宣伝）」。これは使えると思い、そのサイトをそのまま活用できないかと考えました。グラフのように、グルメ目的の若

糸島市における年齢別の食目的観光客と訪問動機媒体（ホームページ・SNS）との比率

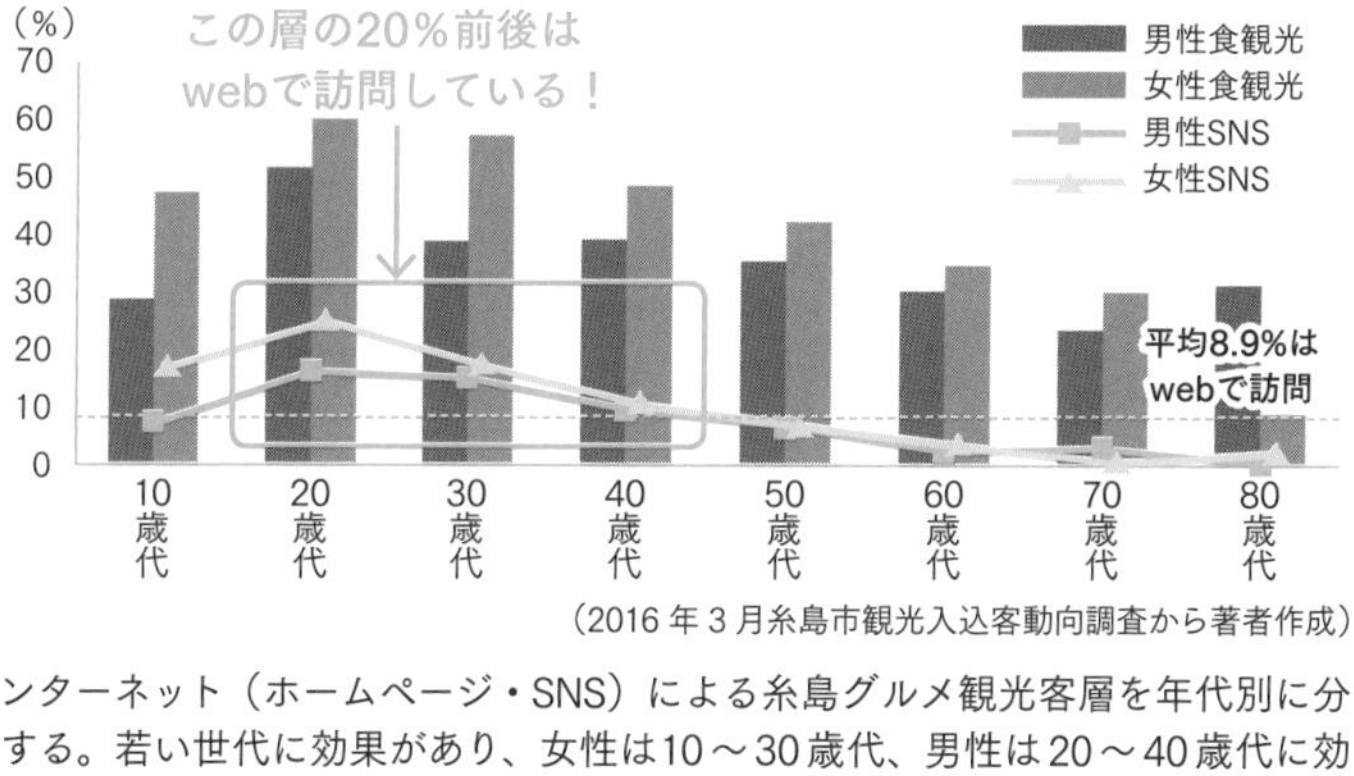

（2016年3月糸島市観光入込客動向調査から著者作成）

インターネット（ホームページ・SNS）による糸島グルメ観光客層を年代別に分析する。若い世代に効果があり、女性は10～30歳代、男性は20～40歳代に効果が高い。グルメ訪問意欲の強い20～40歳代と重複部分が大きく、本媒体が効果的であることがわかる

い観光客は、インターネット、SNSで訪問していることもわかっています。さらにパブリシティといって、テレビ局などに取材をしてもらえるように誘導する支援もやっていることを聞き、そのサイトやノウハウを応用させてもらおうと考えたのです。

そして最も困ったことは「販路開拓」でした。この役割は特に福岡市内のパートナーにこだわっていました。「マルチ・ドメスティック戦略」といって「現地の情報を持ち、現地で動ける人」と組む方法は、ビジネススクールで学んだ重要な戦略の一つです。福岡市場を狙って、お客様像を調べたり、販路開拓をしたり、プロモーショ

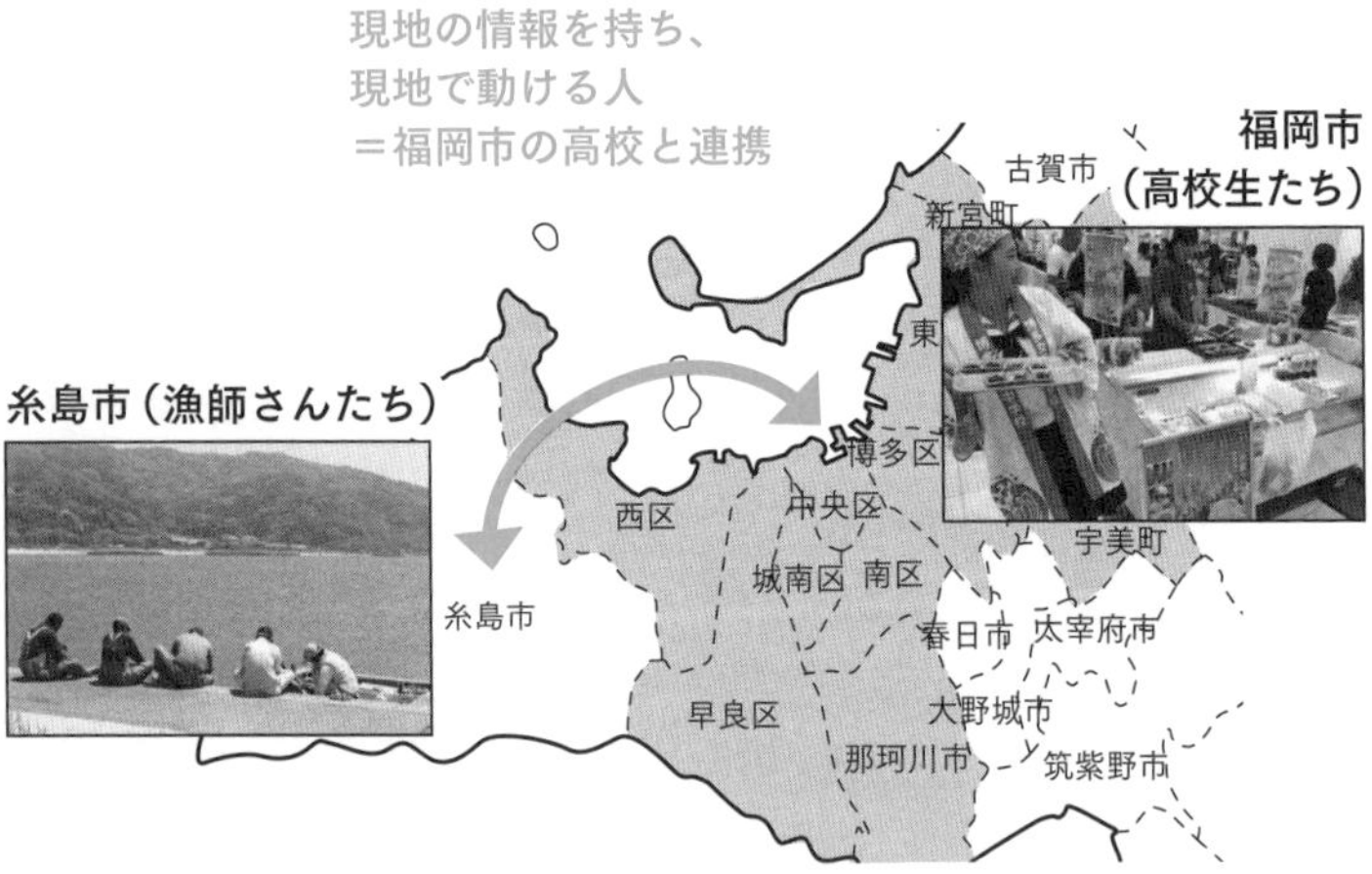

（写真提供：糸島市）

ンしたりするのであれば、福岡市内にある企業と連携しなければなりません。もし東京市場を攻めるなら、同様に東京都内の相手を探していました。

あるとき、上海のほか海外で複数会社を持つ知人の経営者に、現地社員による不祥事があったとき「一度くらい日本人の責任者を置こうと思いませんでした？」と尋ねたことがありました。「まったく思わなかった」と即答され、僕は「やっぱり」と思って、その理由までは聞きませんでした。彼もＭＢＡで、海外進出のセオリーを実践しているのだとすぐに汲み取ったからです。

女子高生と組む

当初、福岡市内の販路となるお店にパイプを持っていて、一気に営業をかけることができるパートナーとして、すぐに銀行が思い浮かびました。また、広告代理店、大学の学生なども考えました。実際に、広告代理店などに足を運んで相談してみましたが、とても小規模自治体や事業者が継続的にお付き合いできる費用ではありませんでした。大学の場合はゼミの教員の意向に左右されたり、やりたい学生だけしか動けなかったり、卒業すると次がいなかったりするなど、安定して継続的な活動をするには不安でした。

だれと組めばいいのか悩んでいたとき、さきほど紹介した情報発信サイトを運営している会社の社長が博多の女子高校でマーケティングの授業をしていることを知りました。興味があり、よくよく聞くと、社長から「売りたい、作りたい商品の開発（プロダクトアウト）ではなく、顧客のほしいもの、出口からさかのぼって商品を開発する手法（マーケットイン）で、生徒たちに教えているんですよ」とのこと。外部の専門家たちを呼んで授業をしたり、学校内に高校生社長、副社長、営業部長など模擬会社を作って高校生が催事に出向いたり、企業への営業をかけたりと、事業者も高校生と一緒に実践的な手法を学びながら、福岡市内をターゲットにした商品開発をしていました。

実際に福岡市内の企業と商品開発をするわ、それを高校生が販路開拓するわ、催事で宣伝活動までするわで驚きました。商品開発は糸島市の地元事業者がやってくれるので、販路開拓と宣伝の2つの役割を担ってくれる相手を探していた矢先、この2つを行うのにぴったりの相手だと思いました。

しかも授業は実務家の人たちが担当していてプロの力も借りられる、先進的で独自性のある取組み、学校の授業として継続性も見込めました。ずっと悩んできて「女子高生を販路開拓に入れる」という発想が生まれました。**女子高生がマーケティングをしたら…、と**

いう面白さも生まれ、実現に向けて胸がときめきました。

高校側にとっても、地域活性化につながる独自性の高い授業ができれば、学校の特徴を押し出すことができ、魅力的な内容になります。善は急げで、すぐに資料を準備し、一緒にインタビューに回る途中、カフェで社長に見てもらいました。

社長も、これまでは一企業と取り組んだことしかなく、地域と連携した取組みに面白さを感じてくれたようで、「じゃあ、理事長に相談してみます」と資料を持ち帰ってくれました。

とりあえず保留

なんとか学校側への打診を取り付けることができましたが、僕も職場に戻り、上司に報告しなければなりません。勢いで相談してしまい、内心ドキドキしていましたが、前に進むしかありません。戻ってすぐに「博多の女子高校がこんな面白い授業をやっていて、連携ができそうかを聞いてみました」と報告すると、「女子高生おもしろいやん。地元の農業高校も一緒にやればいいし」と前向きな返事をもらい、ほっとしました。しかし、すぐさま別の意見も出ました。

「その高校と連携する理由が不明瞭だ。地元にも高校がある」という意見です。**福岡市のマーケットを開拓したいので、福岡市内のパートナーを探していることを伝えていますが、難しい理論だけを振りかざしては逆効果になりかねません。「とりあえず高校側ができるかどうかを待って、また考えます」と保留にしました。**

商品開発

もうひとつ考えるべき「Product（商品・サービス開発）」の役割を担ってくれる相手も探さなければなりませんが、もともと糸島が強みとして持っている食品関連の商品開発だったので、これは深く考えませんでした。

最初は商工会を通じて市内事業者と連携することを考えていたのですが、ちょうどいいタイミングで農業者から加工業者、小売業者などと、地場の食品関連企業で結成された糸島市食品産業クラスター協議会が立ち上がったばかりでした。市の商工観光課が事務局を所管していたこともあったので、上司との相談の結果、そちらに相談を持ち掛けました。

協議会会長の会社に訪問し、企画資料を説明しました。「クラスター協議会と連携した取組みとして一緒に実施させてもらいたいと思っています。会長がよろしければ幹事会（役員会）で説明させてもらえないでしょうか」。すると「糸島のためにいいことなのでやりましょう」と会長の快諾を得て、幹事会に提案させてもらえることになりました。

月に一度開かれる定例の幹事会で説明をさせてもらえることになり、会長のほか、糸島市内の企業3社、商工会、農協、漁協、銀行の代表に企画を説明しました。2、3点詳しく内容を説明する箇所はありましたが、これといって意見は出ませんでした。ただひとつだけ「始める前に、全会員企業に説明に回ってくれ」という条件がつきました。「えっ、全社？」と一瞬驚きましたが、それで協力が得られるならと、僕は事務局の担当者と一緒に幹事企業を除く30社ほどをすべて説明して回りました。各社の反応は「前向きな話で、商品開発をしたいと考える企業が手を挙げる機会が増える」と好意的なものでした。大きな反対もなく、承諾を得ることができました。

印象深かったのは、訪問する中、百貨店や量販店などを催事販売で全国行脚した経験を持つ人から「あなたがこうやって地域に石を投げてくれるから波が立って何かが動く。何もしないと衰退するだけよ。頑張って」と励ましの言葉をもらえたことです。新しい事業を始めようとする僕にとって、役所外の人から激励していただいたのはこの一人だけだったので、うれしくて強く印象に残りました。その後、苦労する度に、何度も何度も思い出す言葉になりました。

こうして、商品開発はクラスター協議会と連携できることになったのです。

地元じゃない理由と異分野の大切さ

よく「連携先は地元の高校じゃないのですか？」と聞かれることがあります。前述のとおり最初から相手先として高校を考えていたわけではないし、福岡市内のパートナーを探していたのだから、地元高校が選択肢となるはずがないのです。戦略を先に組み立てると後から体制がついてきます。組織は戦略に従うのです。

そして最初に思いついた大学や銀行にすぐ相談しなかった理由もあります。ただ福岡市内であればよいという訳ではなかったのです。乱暴に言ってしまえば面白くしたかったのですが、そのときに考えていたことは、経営学を政策に活かすときに使えるツールのひとつ、マーク・グラノヴェッターのネットワーク理論「弱い紐帯《ちゅうたい》の強さ」でした。これは組織において、内部の人より外部の人とよく飲みに行ったり、他地域や海外に出向の経験があったりと、外部と交流のある人が、組織内部との橋渡し役になることで、仕事や組織にイノベーションを起こしやすいという理論です。

つまりマーケティングという分野を銀行や大学といった発想から、もっと外へ、違った業界へと考えてチームを組み合わせることを意識しました。**想像してもらうとわかると思いますが、マーケティングをするのに「役所が銀行とタッグを組みます」「役所が女子高生とタッグを組みます」と聞くと、どちらか「おっ！」と感じるでしょうか。**マーケティング、役所といった分野とはまったく違った世界の女子高生だから、新しい価値を感じることができます。

こうした理論を知っていて意図して使うのと、たまたま高校側から声を掛けられて、なんとなくそうなるのとでは大違いです。例えば、担当業務で何かの協議会を構成す

（イラスト提供：田中伸治）

る場合、「メンバーを内輪だけで固めない」「事業内容に遠方との交流を入れる」「大学生を入れてみる」など意図して組み込むことで他自治体と違った事業になります。異分野の人から新たな視野を得られたり、事業が継続しやすくなったり、長い目でみても人が人をつなぎ広がっていくなどの効果を得られる。数ある自治体の中で目立たせることで、メディアなどにも取り上げてもらいやすくなり、そうなれば広告費だけでも、投入コストを取り返しているはずです。

繰り返しになりますが、狙ってやってほしいのです。これまでとは違う視点で仕事を見ることができ、偶然ではなく、自信をもって人ができないような新しい価値提案ができるようになります。

突破口が見当たらない

しかし僕も行政職員。当然「地元じゃない」ことで反発が起きることは想定していました。それにもちろん地元の高校にも活動してもらいたい気持ちもありました。博多の高校の理事長（当時）からも「糸島の高校と一緒にできないかな」と要望も受けていました。

糸島市には農業高校があり、ここでは商品開発をやっている授業がありました。だから僕は、福岡市内の販路開拓ではなく、得意とする商品開発で糸島市の食品関連事業者と一緒にできないか、担当教員と外部講師の2人に相談しました。しかし県立高校にとっては負担が大きい授業で前向きな回答が得られませんでした。クラスター協議会の会長も校長に尋ねてくれていましたが難しいとのことでした。

だからといって無理に地元の高校にやってもらうように仕向けたり、高校から福岡市内の銀行などの企業に変更したり、ましてやめようとは思いませんでした。

今回のように「学校」「若者」「子ども」が関係すると「地元だから」という話になりやすいのは理由が明確です。それは「地元の教育に貢献する」からです。しかし、それは副次的な目的であり、「地域の事業者の生産性を上げたい」という本来の目的を見失っています。あくまで「組織は戦略に従う」。戦略を忘れて「地元だから」という「組織」から考え出すと「目的」を見失ってしまいます。きちんと戦略に沿って、体制を整えることが正しい順なのです。

ちなみに、このように本来の目的やターゲットを見失って、宣伝や商品開発などで失敗してしまうことを「マーケティングマイオピア」といいます。近視眼的に見てしまい、他のことが見えなくなってしまうのです。

もしここで折れたら「地域の学校に貢献できてよかったね」で終わる事業になることが目に見えていました。それでは本当の目的は何も達成されません。このような戦略的思考を仕事に応用するために、血反吐を吐く思いをして、2年間仕事と家庭をなんとか並行しながら大学院に通ったのです。

今になって、世界的なコンサルティングファームを渡り歩いた大学の教授から、ゼミで指導いただいたときの**「戦略的な選択肢を提案しなければだめだ」**という言葉を思い出します。滋賀大学のデータサイエンスの第一人者の教授も**「意思決定を上に促すのであれば、最低3つは選択肢を提案しなさい」**、元大阪府知事・大阪市長の橋下徹氏も同じように著書に記されています。こんなときはいくつか比較検討の選択肢を提案して決めていってもらったほうがよかったのかもしれません。そのときの僕には余裕がなく、冷静に考えることができませんでした。そのまま内部で説明に徹していましたが、賛否があり、なかなか話は前に進みませんでした。

内側の仲間が助けてくれる

うまくいかず、昼休みになって僕がひとり公園で考えにふけっていると、同僚の先輩が僕を見つけ出し、「あきらめんな。俺も一緒に言うてやるけん」と励ましにきてくれました。なぜ僕がいつもいない公園にいるのを知っていたのか、今だに謎ですが、本当に年齢に関係なく、頑張っている人を応援してくれる人です。本人を前にしては言えないが大好きな先輩の一人です。

そうしていると、東京の出張帰りに「いろいろ悩みがあるやろ?」と、ある上司に誘われ、博多の居酒屋に行きました。おそらく例の先輩が話してくれていたのだと思いました。僕はなかなか話が進まないことを相談すると、「博多の女子高校といったん始めて、あとから地元の農業高校もやりたいと相談があったらやればいいやん。俺がいいと言うからやってみろ」と背中を押してくれたのです。

後から聞きましたが、その上司は「若手のやる気を大事にしたい、岡にやらせてみよう」と周りを説得してくれていたそうです。その後、市長室に連れていってもらい、市長と副市長に内容を説明しました。議会でもしっかり事業内容を説明してくれ、そのおかげで次年度から実施できるようになったのです。事業が実現するときは担当者だけでなく、多くの人の想いが込められています。壁に当たっても簡単にやめるわけにはいきません。

実は女子高校の授業を担当する社長からは「高校側は、面白そうだし、糸島市との連携をぜひやってみたいそうですよ」と話をもらっていて、こちらで保留していました。すぐに電話を取り「社長、市の内諾とれました！　やれますよ」と僕は興奮気味に報告をしました。相手も驚いた様子でした。これまで行政と関わってきて、本当に企画が始まるなんてことはなかったらしく、話半分に思っていたそうです。

仲間がいなければ、スタープレーヤーも成果が出せない

こんな風に、僕も簡単に事業を実現した訳ではありません。

講演に行くとよくある質問の中に、「どうやって企画を実現するのですか？」というものがあります。「その答えはあなた自身が最もご存知ですよ」と答えています。ハーバード大学のボリス・グロイスバーグ准教授らの研究で、「仕事の成果は組織で積み上げきた人間関係が影響する」と発表されました。ウォール街で働く１０５２人の花形金融マンが移籍した場合、46％は初年度に成績が下がり、平均20％の低下が見られました。しかも、その後5年経っても成績は回復しなかったのです。個人の能力だけに依存するなら、移籍しても高成績を収めるはずです。つまり、新しいルールや社員に馴染めないことなどが成績低下の原因であり、花形として活躍できていたのは周りの人に恵まれていた部分が大き

かったからなのです。

仕事の成果は、30％が個人の実力で、70％は組織のおかげという別の研究結果もあります。財政（カネ）はどこも厳しく、設備（モノ）は仕事のスピードなどに影響しても、企画の実現性を高める効果は弱いと考えられます。企画を実現するために最も重要な資源はやはり「人」です。

個人が能力を発揮するには、職場の資源が鍵。そして自分を助けてくれる人は、本人が一番理解しているはずです。**日頃から、若い時から、近い人たちを大切にしなければなりません。**僕は現場でまさにそのことを実感しています。

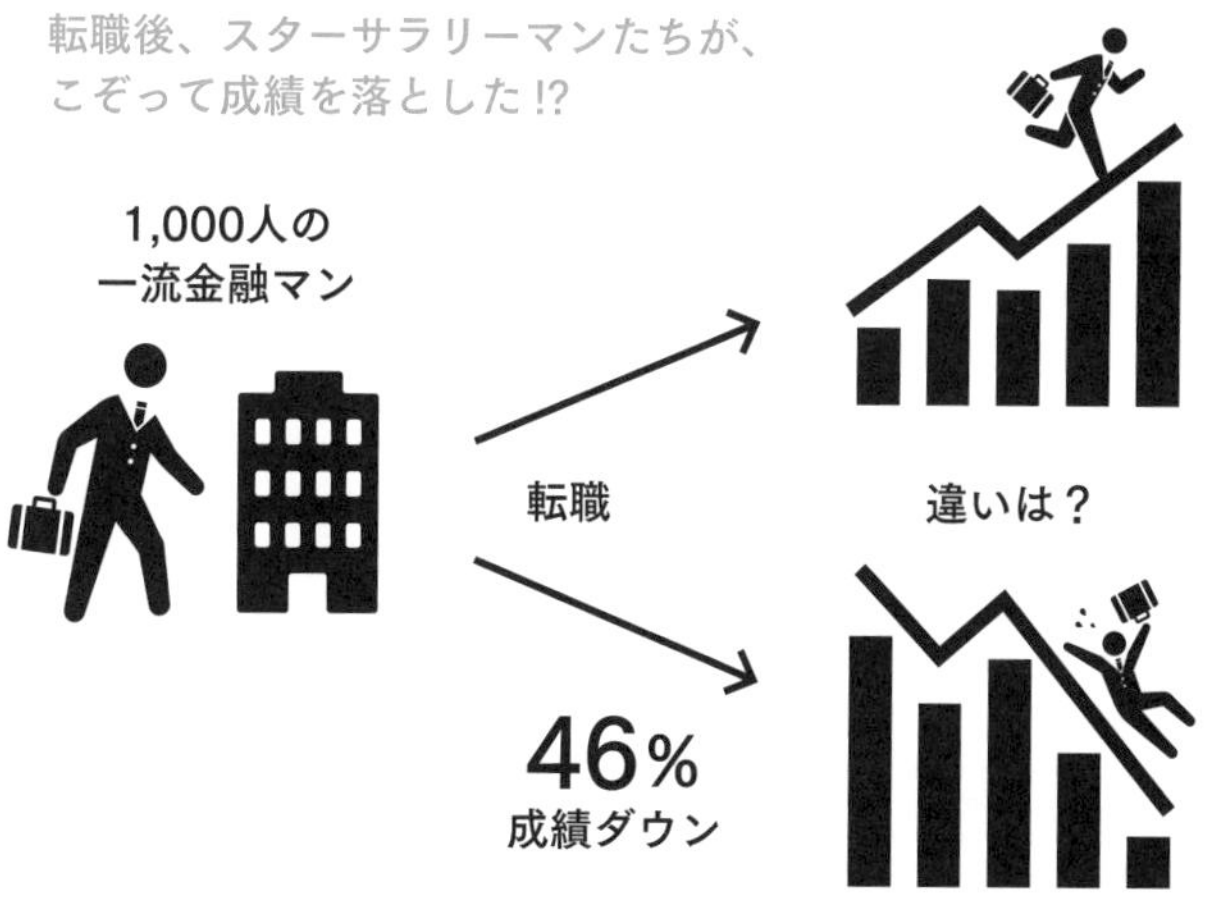

転職後、スターサラリーマンたちが、
こぞって成績を落とした!?

さっそく今年度から予算なしでいいので、まずはモデル的に始めてみようとなり、クラスター協議会に商材を募集したところ、7商品の応募がありました。事業者には順番に自分の商品のプレゼンをしてもらい、クラスター協議会の幹事企業のほか、銀行や高校側の先生などで審査を行う選定会を開催しました。その最初の商材が**「糸島産ふともずく」**でした。

天然のふともずくはもともと少量しか獲れません。この貴重な食材を絶やさないよう、15年以上も前に福岡県と糸島市の漁師たちが共同研究で養殖を始めていました。通常、漁師は船長として1人で漁に出ます。それが4人チームになり、定期的にふともずくの網を洗浄するような作業をする風景は珍しいものでした。これだけ長い期間やってきても、地元の人すらあまり存在を知らない食材でした。市職員の私ですら養殖されていることは初耳だったのです。

ここで提案した糸島マーケティングモデル事業の仕組みを紹介させてください。

高校の授業では、2年生で商品開発し、その商品を3年生で販売していくという、2年間で1セットの流れ。だから3年生が販売実践しているときには、2年生が次の商品開発をしています。3年生がやっている催事やコンテストでは、2年生が先輩たちを見て教わりながら、先輩の商品も継承していく仕組みになっています。

2年生の商品開発のときには、まずは糸島の対象商品や産業の現状を知ってもらうため、現場に来て、ふともずくの収穫体験をしたり、漁師の話を聞いたりします。これがブランドづくりには重要なプロセスになります。お客様に、糸島の商品の何が価値あるものなのか、作り手がどのように生産しているのかなどを伝えるためには、自分たちがまず知らなければならなりません。これが後に、3年生になり、お客様の前に立ったとき、彼女たちが自分自身の口でストーリーを語る土台になります。モノではなく、地域に紐づいた人やコトにスポットを当て、ブランドをつくっていくのです。

商品開発をするときに、市が紹介する各バイヤーに意見をもらいながら開発を行っていきます。ふともずくのときにはエフコープの皆さんにとてもお世話になりました。開発段階から関わってくださったこともあって、できた商品を一生懸命、一緒になって販売してくださっています。

他にも、この学校の驚くべき活動があります。ふともずく購入者の多い高齢者が、買いやすく、生鮮品を置いてくれる産直施設にアプローチするため、福岡都市圏の産直施設を洗い出し、自分たちで順番に電話を入れ、見積書を作り、訪問営業するのです。

このような販路開拓の活動と並行して、市はパブリシティと呼ばれる取材の誘導を行い高校生や漁師にメディアに出てもらいました。当初からタッグを組んだライターに記事を随時書いてはネットにアップしてもらったり、テレビ局のディレクターに常に情報を流し続け、番組に取り上げてもらったり、他にもコンテストや催事に高校生と一緒に漁師が出ていき、宣伝活動を行いました。

価値共創マーケティング

「地域を巻き込む」「産学官連携」といった言葉は長く使われてきました。この糸島マーケティングモデル事業だけでなく、これからの地域政策は共通の価値をみんなでつくっていくことが必要です。市や市内事業者、市民だけで固まらず、戦略（政策案）を立てたら、その戦略を実行するため、役割を分担します。糸島マーケティングモデル事業では、商品開発を地元企業、販路開拓を高校、宣伝をマーケティング会社で役割分担しています。

マイケル・ポーターの提唱する「CSV（Creating Shared Value）」という考え方があり、

地域の課題を一緒に解決していくこと（共通の価値）で、**企業も学校も役所も本業として成功していく仕組み**です。

そもそもマーケティングを一人ですべてやって成功するはずがありません。ある調査会社の報告では、六次産業化に取り組んだ失敗事例のうち7割が、第一次産業者が川上から川下まですべてやってしまったことが要因であったとされています。

自治体職員の私たちはその分野の得意な人たちを巻き込むことが得意技。自治体職員こそ地域を舞台にしたチームマーケティングをやるべきです。

後の章でどのように企業などと一緒に連携を作っていくか、詳しく説明したいと思

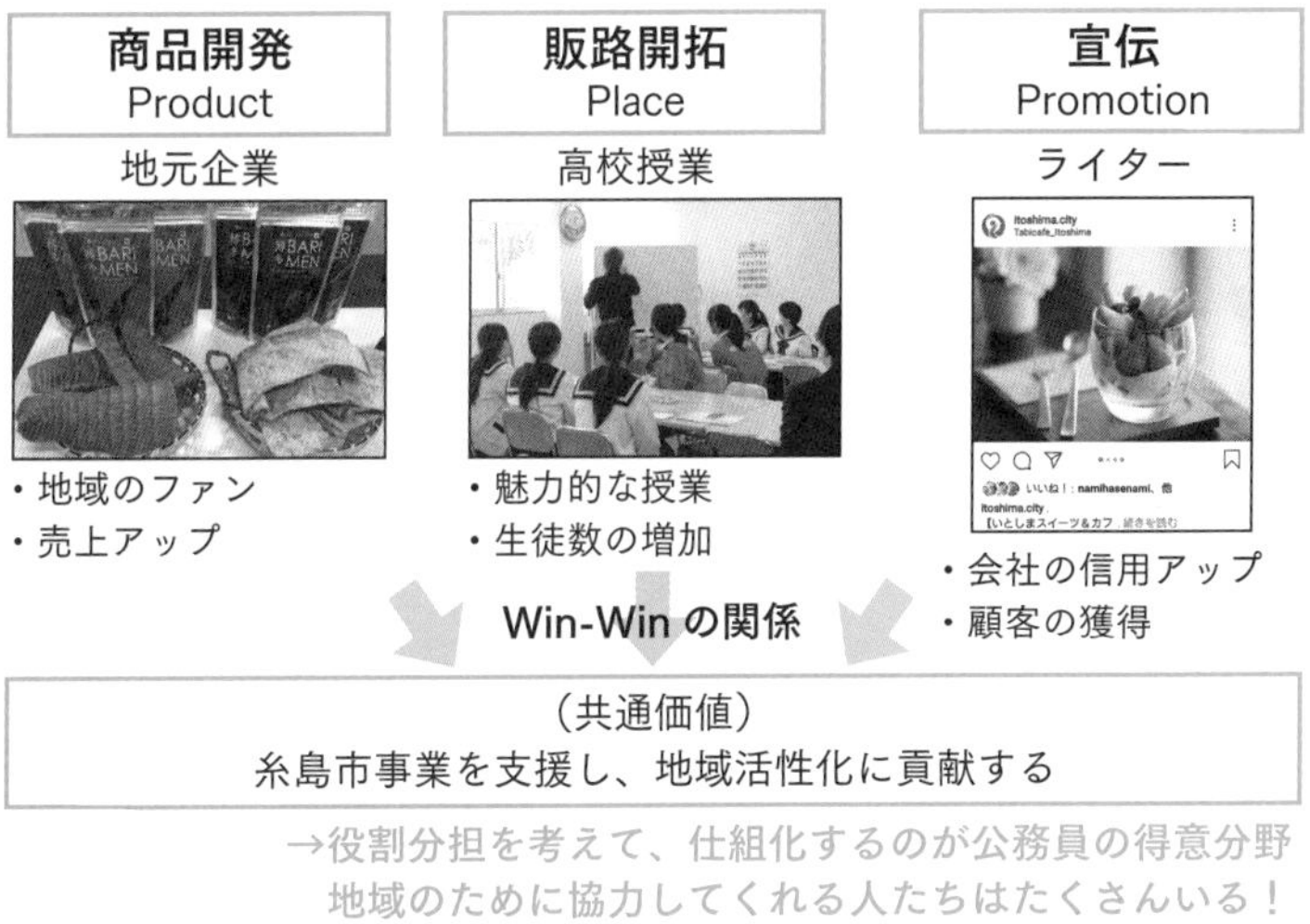

（写真提供：糸島市）

います。

ふともずくが売れるのか

「糸島産ふともずく」のマーケティングが始まり、店頭での試食アンケートや、主婦層である高校生の保護者に対してのインタビューなどでデータを取っていました。「認知度の低さ」「買える場所がない」「食べ方がわからない」「加工品にするにしても量が足りない」「漁師4人と研修生1人の部会で開発予算もさほど取れない」など、さまざまな課題が出てきました。

それを横目に「売れるはずないいやん」「ふともずくを売る暇あったら別の漁に出たほうがいいやん」「市役所の岡、何やってんの」など市内事業者から冷ややかな声も聞くようになりました。

しかし高校側は、本当に一生懸命やってくれていました。僕らもできることをやるしかありません。

僕は糸島市内のスーパーを回り、棚に並ぶ海藻類の値段を調べました。「あおさ」や「とろろ昆布」などかなり値の張る商品はあるものの、類似品となる「もずく」や「わかめ」

糸島市における海藻類のスーパー販売単価

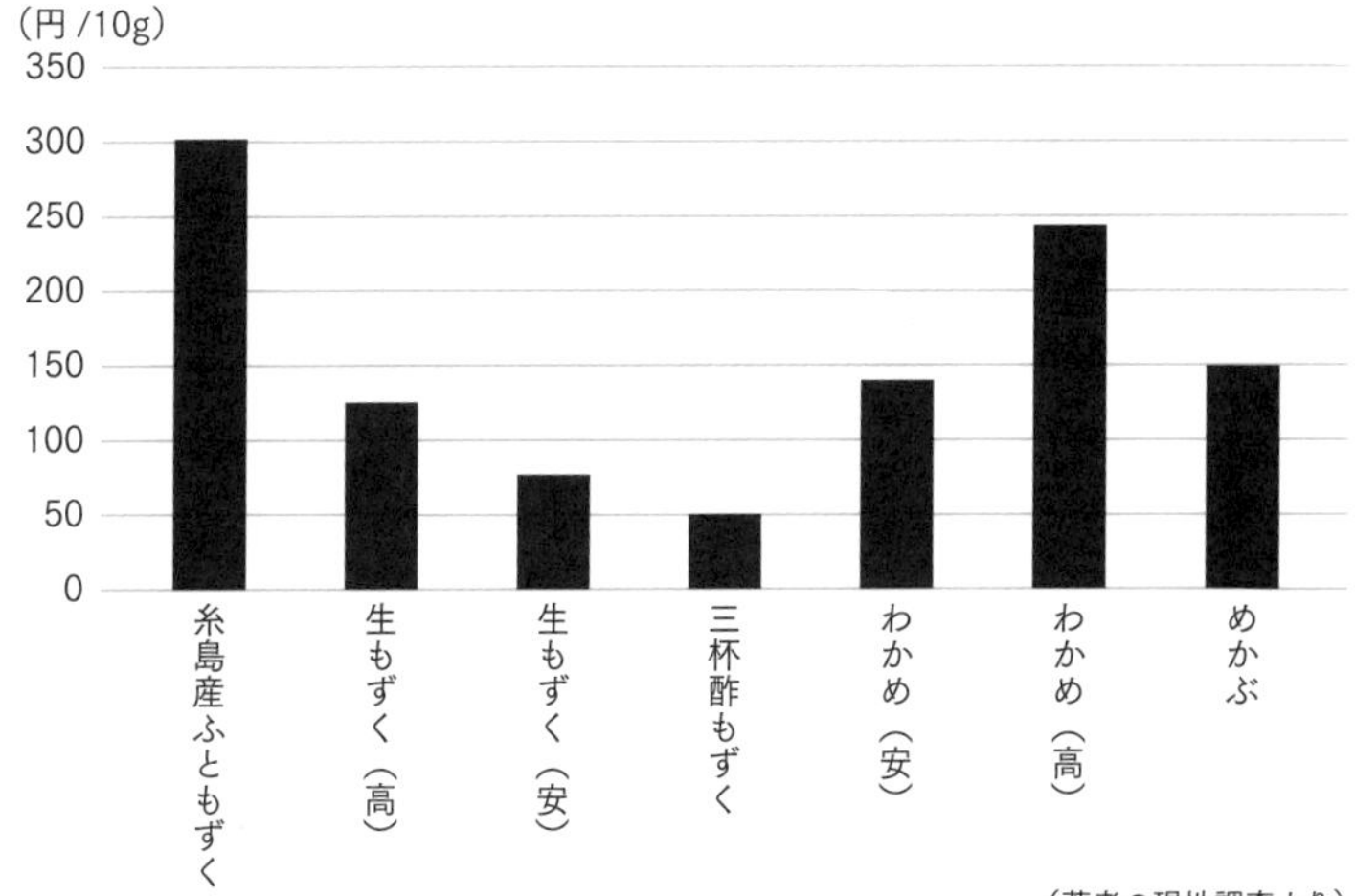

（著者の現地調査より）

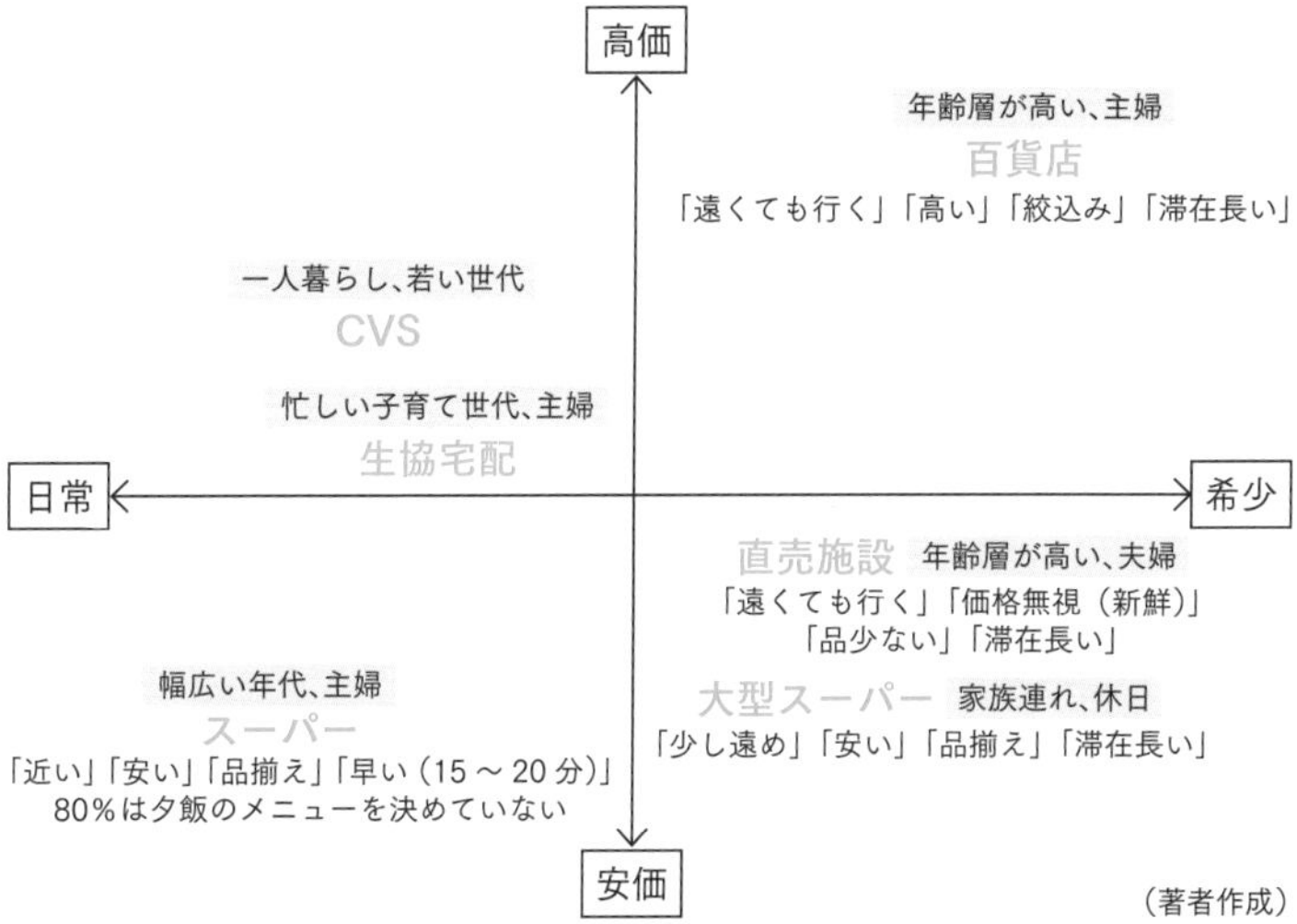

（著者作成）

と比較すると、ふともずくはかなり高い金額だとわかりました。しかも糸島産ふともずくは冷凍になり、お店に置いてもらうのにハードルが高かったのです。

ふともずくは高年齢層の購買意欲が高く、生鮮で安全・安心のイメージを大事にしたいと思いました。冷凍で置ける場所が限られ、また掛け率と言われる卸値が普通の百貨店や量販店では金額が合わないため、ご年配の主婦層には福岡市近隣の道の駅や産直施設にターゲットを絞り、また子育て世帯の忙しい主婦層には生協の宅配で買っていただく方法がよいと考えました。

高校の授業と連動しているため、自分の考えを学校側に伝えると、すぐに動いてくれ、高校で福岡市近隣の産直市場を洗い出しリスト化してくれました。高校生たちは1軒ずつ電話をかけ販売先の感触を聞き、漁師さんたちに結果を教えてくれました。そこで感触のよかった売り場に漁師さんたちと手分けして営業に回ることで、販売先を増やしていきました。糸島産は福岡県産のふともずくの生産量の半分を占めます。天然物がない希少な食材だったので、他では手に入りにくく、漁師直送ということもあって、他のもずくと差別化しやすいものでした。地域密着のマーケティングでは、**販売領域を絞り、その中で一番になる**ことが大事です。

福岡市内の直売所に営業する漁師さんたち。
とても仲良く、いつもチームで行動する（写真提供：糸島市）

糸島産ふともずくの購買行動（n=500）

		残存率
糸島産ふともずくを**認知している層**	15.6%	
認知し、かつ**興味を持っている層**	13.8%	88.5%
認知し、興味があって**購入したい層**	13.2%	96.7%
認知し、興味があって**実際に購入経験がある層**	7.0%	50.7%
認知・興味・購入経験があり、**今後も購入したい層**	6.8%	97.1%

▼

どの段階に買ってもらえない原因があるのか？

認知度が低い 15.6% しか知らない ⬇ 宣伝に力を入れる！	購入したいのに購入経験が低い 50.7% も離脱 ⬇ 買える場所を増やす！

（著者作成）

また漁師さんたちは福岡市近辺でも、漁をしながら納品に回ることが難しいという話に。本来、産直施設は自分で商品補充することが原則ですが、宅配で商品補充させてもらえるように交渉していくことになりました。

認知の低さ、販路の少なさが課題だったので、初年度に頑張れば、その後安定して販売できるようになるはずだと思いました。データを見ても、活動が効果的だと考えられたので、辛抱して漁師の皆さんに営業して回ってもらうことが必要でした。

糸島産ふともずくが全国区へ

販路開拓とあわせて、認知度の低さがネックとなっていたので、プロモーションにも力を入れました。プロモーションは市がライターと契約し、年に一定回数以上の記事を情報発信サイトに掲載してもらうことや、テレビ局のディレクターに随時進捗を流して、企画番組の打合せを進めてもらっていました。

他にも「フード・アクション・ニッポンアワード2017」「ふるさと名品オブ・ザ・イヤー」といった全国規模のコンテストにも応募するなど、なるべくお金をかけない宣伝方法を使いました。

フード・アクション・ニッポンアワードでは、1111品の商品エントリーがあり、うち100商品が一次審査で選ばれ、二次審査では東京でブースを出してプレゼンを行います。糸島産ふともずくが100品に入り、東京に行けるようになったのです。

このときも連携した高校の理事長（当時）は「一生に一度、学生が経験できるかどうかの機会だもん。こんな経験をさせてあげられるのはうちの高校だけだ」との二つ返事で、保護者の承諾をもらって、高校生たちと一緒に東京に来てくれました。

阪急百貨店、アマゾン、紀ノ國屋など名立たる企業の社長10人自らが品定めをし、100商品の中から10賞が選ばれます。そもそもふともずくは冷凍のため取り扱えない企業もあるなど不利な条件もありましたが、順番に回ってくる社長に対して、高校生たちは物おじせず、何が特徴で、企業にとってもいいのか、自分たちの言葉で必死にPRしてくれました。生徒のひとりに糸島市出身の生徒がいて、人前で話すことが本当に苦手でした。彼女は朝5時台の電車で学校に通いながら、この授業に必死に食らいつき、2年間先陣を切って催事などにも出てくれていました。このような大舞台で世界を相手に戦う社長に、堂々と話す姿は2年生の頃と比べると別人でした。

そして最終発表になり、10人の社長から1人ずつ順番に各賞が発表されていきました。

しかし9商品まで終わっても呼ばれない、最後はローソン賞を残すのみ。みんな諦めムードでした。隣に座っていた理事長たちも下を向いてあきらめかけた雰囲気でした。

「糸島産ふともずく！」

「……」

隣どうし顔を見合わせ、理事長が「やったー。俺正直あきらめてたよ〜！」と歓喜の声をあげました。高校生たちはステージにかけあがって、ローソンの竹増社長から賞状をもらい、博多ガールズショップ（高校生模擬会社）社長である生徒が大観衆の前でスピーチをさせてもらいました。

「私たちは糸島でも知られていなかった『ふともずく』や漁師さんのことを、もっと知ってもらいたいと思い活動してきました。この賞をいただいて、もっと糸島の漁師さんと貴重な地域資源のことを知ってもらわなければならないと思いました。これからももっと頑張りますので、皆様のご支援をよろしくお願いします」

あまりの堂々としたスピーチに会場がどよめき、司会が「本当に高校生ですか？」とつぶやいたほどでした。「うう〜、60歳を超えてこんな人生が待ってるの？ 生徒のこんな姿を見れるの？ 俺今人生で一番楽しいよ」、横では理事長が泣いていました。本当に自分の子どものように生徒たちに愛情を注ぐ方です。

その後糸島産ふともずくは、東京、九州のローソンでサラダとスープになって発売されました。糸島市民にさえ、あまり認知されていなかったものが、東京の人にまで知ってもらい、地域に希少な資源があることに気付いてもらえるほど効果がありました。

市内の事業者がそれぞれで、このような販路開拓や宣伝の方法を実施できるようになれば、糸島ブランドが作られていくと考え、普及していきたいと思いました。

その後、漁師で「ふともずく部」の会長と会ったときにも「漁港でふともずく収穫祭をしたかな〜」と自分から提案してくれたことがとてもうれしい出来事でした。他の地域の漁師でそのような気持ちの人たちがどのくらいいるでしょうか。生産者も直接商品を通じてお客様とつながることがどれだけ大事かがわかります。毎月多くの量を販売してくださっているエフコープの社員、そのご家族の皆さんを漁港に招き収穫祭を実現しました。ぜひ収穫祭は毎年続けてほしいと願っています。

日本一の天然真鯛が出汁になった

ふともずくに続く糸島マーケティングモデル第2弾は、糸島産天然真鯛を使った出汁に

なりました。なぜ真鯛かというと、糸島市は天然真鯛の漁獲量が日本一なのです。2位と比べても倍ほどの量を誇るのですが、この日本一の真鯛もあまり知られていません。

そんな日本一の資源である天然真鯛を何とかしたいと、地場の水産加工会社の社長が手を挙げてくれたのです。社長は糸島市出身であり、一社員から社長まで上りつめ、5年ほど前に糸島市への本社工場移転を機に地元に帰ってきた人です。その地元愛と仕事への情熱は糸島市内の事業者では知らない人はいないほどです。

この事業の肝と言っても過言ではありませんが、生産者が先に商品を作ってから売

女子高生とのコラボにより糸島産天然真鯛 100%でつくられた「だしスープっ鯛!!」（写真提供：糸島市）

り先を探すのではなく、販売してくれる人、使ってくれる人たちに製造段階から意見をもらう仕組みを取っています。市でお付き合いのある福岡市内の高級料亭やホテルの料理長に味を見てもらったり、百貨店や専門店のバイヤーに規格やパッケージなどをチェックしてもらったり、消費者にアンケートをとったりして、完成したときには100%に近い確率でお店に置いてもらえる状態にしていなければなりません。

「手軽さが大事」「塩分が多い」「容器を簡素化してほしい」などさまざまな意見を集約し、商品開発を進めました。**忙しい社長を福岡市内で数日間にわたり、何社も連れて回りましたが、彼のほうから「本当に勉強になった。こういうことをしっかりやらないといかんね」と言ってもらい、やはりこのような支援の必要性を感じることができました。**

社長は、博多の高校の授業に何度も足を運び、工場見学に生徒を連れて行ってくれました。魚臭さが出ない技術を持つ工場を自分で探し回った末、ようやく長崎の工場を見つけ、醤油、昆布にもこだわり、保存料を使わないようにするための塩分濃度との微妙なバランスなど、13回も試作を重ねて、高品質の真鯛出汁「だしスープっ鯛!!」が完成したのです。

相談にのってくれたお店ではこの商品を取り扱っていただいたし、博多駅にある土産店では、雑誌社が選ぶ売上ランキング1位にも選ばれました。

真鯛出汁を製品化してくれた社長から聞いた話ですが、「卒業後に東京に就職した生徒が、私が出張で行ったときにお酒を買って会いに来てくれたんです」と。ほかにも、生徒のお母さんが「社長のおかげで娘が変わり、イキイキして学校に行くようになり、無事卒業できました」と、毎月お店に来てお礼を言ってくれるのだそうです。

今、僕は講演でクイズを出し、正解した人にこの「だしスープっ鯛!!」っをプレゼントすることもあります。自分で関わった商品には愛着もわき、形に残る本当に楽しい仕事だと思います。

自治体職「員」ではなく自治体職「人」になる

ふともずくと同様に「だしスープっ鯛!!」も開発と同時進行で販路開拓や宣伝を行ったことで、テレビやコンペなどでも取りあげられました。営業担当者から「これまでの営業が何だったのかというほど驚きました」と言われるほど順調に売上げを伸ばしました。

一方で僕には「地元で地元の真鯛を味わえる場所を増やしたい」という想いもありました。消費者とモノの出会いや、体験できる場が増えることが大事なのですが、マーケティングでは消費者の目にする面積（配荷率）として重要な指標に表れます。売上＝購入数×

購入単価で、このうち購入数＝消費者数×認知率×配荷率×購入率となっており、この配荷率が高いと消費者がメディアなどで知ってくれた（認知率）後に、出会える機会が広がります。

天然真鯛の漁獲量1位は糸島市ですが、12位の明石市は「明石鯛」と全国的にも知名度があるブランドになっています。WEBでも漁獲量とは反対に圧倒的に検索にヒットします。グーグルで検索すれば明石鯛を食せるお店やメニューがヒットするし、食べログで検索しても、糸島市より圧倒的にお店の数が多いことがわかります。

消費者が真鯛という魚（モノ）を見るだけではだめで、真鯛料理を直接体験（コト）できる機会をつくることが大事なのです。

真鯛の出汁を作ると決まった当初から、糸島市内の飲食店で真鯛出汁を使ったレシピを作成してもらい、試食会を開催するようにしていました。この試食会の委託先からは「当日の段取りも済み、メニューも準備している」との報告を受け、僕は当日司会だけを仰せつかっていました。ところが別の仕事から急いで戻り、ギリギリ会場に着くと試食もそろっていない、お皿、レシピの準備もできておらず、現場はてんてこまい。メディアも市からお声かけしていたのですが、その様子を見て、試食もせずに帰る人もいました。試食会はとても成功とは呼べない結果に終わりました。

主催者として業務管理を徹底しないといけなかったのですが、忙しさから電話での確認で済ませ、まるごとお任せ状態になっていました。

試食会が終わり、会場を貸してくれた会社から「ちょっといいですか？　うちから飲食店に無理を言って、この数日でメニューを考え、この日に試食を用意してもらったんです。岡さんの方で飲食店を回ってお詫びを言ってもらっていいですか？」とのお叱りを受けました。「なぜそんなことになっているのか」、受けていた報告とあまりに違う内容に驚いたと同時に、会場を貸してく

2017年天然真鯛の漁獲量

（海面漁業生産統計調査から著者作成）

Google 検索でのヒット数　　食べログでの検索ヒット数

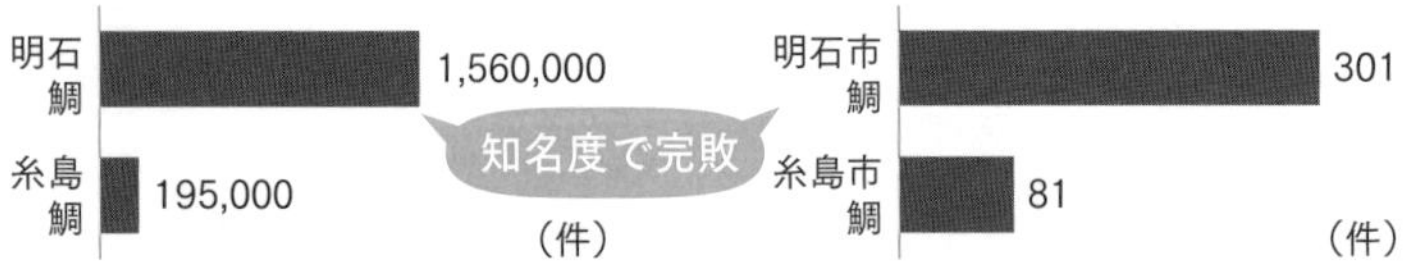

（2020年3月12日21時に「明石　鯛」「糸島　鯛」で検索）

（2020年3月12日21時に食べログ検索にて、「エリア・駅（市名）」×「キーワード（鯛）」をそれぞれ検索）

糸島で獲れる真鯛（モノ）

糸島で食べられる真鯛パスタ（コト）

（写真提供：糸島市）

れた企業や無理をお願いした飲食店への申し訳なさが込みあげました。

とにかく、すぐ市内の飲食店を回り、今回の件はお願いに回ってくれた会社のせいではないことを説明し、ご迷惑をおかけしたことをお詫びに回りました。皆さん、普段から面識がある方も多く、「いい機会でしたよ。どうせ新商品を作らないといけないと思ってたから」と気を遣っていただきました。しかし、広報やSNSでの新メニューの紹介や、自分でお店に食べにいくことくらいしかできず、ずっとそのときの後ろめたさがなくならず、しこりとして残っています。

「地元のために」という気持ちから、飲食店にはメニュー化を継続していたおかげで、パスタやリゾット、カレーなど真鯛出汁を使った商品を地元で食せる場所ができました。

ある和食料理人の大将のもとへ謝罪に行ったときの忘れられない一言がありました。「役所に頼まれたメニューひとつで、俺は店の看板に傷を付けるかもしれない。だからどんなに短期間での依頼でも恥ずかしいものは絶対出していない」と。振り返って自分の仕事一つひとつに、そこまでのプライドと力を注いでいたか？　忙しさで事前の打合せや、確認を省いたのでは？　それは「忙しい」で済むか？　もし自分のお店なら「忙しい」で手抜き料理、自分がおいしいと思えない料理を出してお金をもらうか？　などの思いが駆け巡りました。**「自治体職員もお金をもらうなら同じだ。自分も自治体職『人』にならなければならない」と気付かされた瞬間でした。**

だから、自分という商品をリピートしてもらうために、自分を磨き続けることはやめてはいけないし、それだけのプライドをもった仕事をしたいと思っています。

本当は、3年間不安でつらい仕事だった

そして**マーケティングモデル事業の第3弾は糸島産のメンマを使った油菓子「博多BARIMEN（バリメン）」**になりました。国内で流通するメンマはほとんどが中国産という中で、糸島の竹林から切り出した「100％糸島産」というとても珍しい商品です。しかも食べるほど、有害鳥獣の被害防止、災害の予防、耕作放棄地の抑制など放置竹林の問題が解消される商品です。こちらも作れば完売で、原料の不足で製造待ちとなるほどの好評を博しています。

今回一緒に取り組んだメンマ製造の社長は、もともと大手企業で商品開発等を担当するなどマーケティングにも長けている人でした。起業してわずか5年ほどでニッチな分野から工場も移転・増設し、生産額にして10倍ほどの製造企業にまで成長しています。

当初は5人以下の食関連事業の生産性を上げて、次の雇用が生まれるような企業に成長するところがたくさん出るようにマーケティング手法を普及させたいと思っていましたが、まさに理想を実現している企業の好事例を見ることができ、地域に普及させていきたい気持ちが強くなりました。

ここまで紹介した3年間の糸島マーケティングモデル事業は、当初からずっと順調なようですが、一方で困難も多い事業でした。地元の事業者の経済的な豊かさを実現するために、喜んでもらうために、何か自分ができることをという気持ちで動いていましたが、地元から受ける批判もありました。

何かの会議で説明する度に「この事業の継続に反対だ」「地元高校を市が排除しているとしか思えない」など厳しい意見を浴びせられることもありました。議会でも事業者に言われたように「地元高校とやらないのか」「本当に効果はあるのか」など同様の質問を受けることになりました。

その後、ふるさと名品オブ・ザ・イヤーというコンテストで、地方創生の優良事例として全国3つしか選ばれない賞をもらったときには「私たちにとってはこんな賞もらってもなんの利益もない」という言葉も。「事業を立ち上げるときには、多くの関係者に対して説明に回って承諾を得たのに…」と一瞬頭に浮かびましたが「もっと多くの事業者が参加できるようにしてほしい」という声もある中で、次に進もうと言葉を飲み込みました。

事業者の皆さんに「地元若者支援としてボランティアで貢献してください」と舵を切ったほうが正直、僕は楽でした。おそらくそうしていれば、みんなが「よかったね」で終わります。でも地域の事業者支援を目的に始めたのに、そんなことをやってしまっては自分が許せないと思ました。だから今反対にあっても、先には理解してもらえると覚悟を決めたのです。その先の構想に、福岡市内で販路開拓する糸島の地域商社まで展開するためには福岡市内のパートナーと組んで小さく成功していく必要があったからです。

このままでは何か地域のためにやろうと踏ん張る職員、挑戦する職員がいなくなるのではないだろうか、そんなまちがよくなるのだろうか、と悲しくてたまりませんでした。

これで成功しなければ、ただの失敗と非難だけが残ります。一緒にかかわってくれている漁師さんたちや高校にも本当に申し訳が立たないと不安でいっぱいでした。

新規事業には仲間が必要

高校側でも相当な苦労があったはずです。後から担当講師に言われましたが「岡さん、正直不安でしたよ、ここまでやれるか。市長室まで面会に行った時点で腹を決めました」と言われ、一緒の気持ちだったと思いました。事業の立上げ時は、合併して日も浅かったため、一緒に戦ってきた仲間がまだ少ないこともあり、高校との連携を職場にどう話すか不安でした。

それに、地域の事業者のためと思っていても、実際に反対の声が多かったことを前述しましたが、これが自分ひとりなら、相当苦しかったし、早くにやめていたかもしれません。

しかし実際は、事業を立ち上げたときには隣に先輩たちがいました。彼らはいつも僕の話を親身に聞いてくれたり、一緒に上司に話したり、陰で普段の僕の想いを伝えたりしてくれていたのです。他の部署なのに、先輩たちが自分のために「岡がこんなことを考えている」と上に話してくれたり、企画書の内容に助言をくれたりする先輩もいました。議会での質問になったときも「何にも悪いことはしていない、いいことをしているんだから堂々と答弁しよう」と上司が言ってくれました。

事業者との会議で僕が責められているとき、ある委員が「こんなに行政と事業者が近い自治体はないよ。いろんな視察に行くけどどこの状態は当たり前じゃない。こんな連携は続けていかないといけないんじゃない?」と発言してくれ、懇親会のときに横に来て「最初は口だけやろうと思っていた。ごめんね。あなたがここまでやると思わなかった。あなたに任せるけん」の一言。泣きそうでした（最近は涙腺が緩くてすぐ涙が出る）。

だれかのために熱意をもって、あきらめずに続け、そして自分ひとりでやろうとせず、仲間を大切に、最初から助けを求めていけばいいのです。「熱意」「粘り」「仲間づくり」が大事だといつも言うのは、何度も何度も新規事業を立ち上げてきては、この3つが大事だと身をもって実感したからです。これから新しいことをやりたい熱意を持つ若手職員には、ぜひ挑戦してもらいたいと思います。きっとその挑戦の繰り返しが、あなたを見てくれている人の信頼に変わり、政策を実現できるようになるはずです。

3つのN──「熱意」「粘り」「仲間づくり」が大事

どの部署に行っても、どんな業務をしても、将来において最も必要とされるのが、政策立案能力です。しかし、政策立案は壁に当たるときが必ず来ます。経営学を使った手法を述べてきましたが、僕が壁に当たったときに思い返すこと。それは「熱意」「粘り」「仲間」の3つのN。「やりたい政策に踏み出せない」「挫折しそう」、まさにこの本を手にとった今、あなたは壁に当たっているかもしれません。そんなときはこの3つを思い返してほしいと思います。「だれに喜んでもらえるのか」、最初にやろうと思った理由、市職員としての使命、そして自分の熱意に気付くはずです。

今回のマーケティングモデル事業も、苦しいときは喜んでくれる事業者の顔を思い出しました。この事業を大きく広げ、将来は多くの事業者の人たちに喜んでもらえる姿を想像し続け、当初に描いたビジョンに向かっていました。

前例がない新規事業となると特に序盤で労力を使います。あきらめずに粘り続けてください。飛行機は向かい風が来ないと飛び上がることはできません。そして飛行機は飛び上がるために、燃料を3倍ほど多く使うそうです。あなたも事業を立ち上げた初めはきついと思うけれど向かい風はチャンス。飛び上がっている証拠です。以前上司から言われた言葉に「壁を避けて、簡単に実現した政策はすぐに萎んでうまくいかんことが多いもんな。自分から庁議（市の経営幹部会議）で叩かれて生き残った政策のほうが強いぞ」と言われたことがありました。どんなにスマートな頭を持っていても、企画を実現できなければ意味がありません。粘る力で政策実現力に差が生まれます。粘り強さを培ってほしいと思います。

そして粘るときには仲間が必要です。しかも組織の内と外に。内で心の支えになってくれ、実現に向けて一緒に動いてくれる人、外で連携先の調整、アドバイスをくれる、自分

の政策に共感してくれる仲間が必須です。職場、近い人たちを大事にしたいと思い、月一回は、自分から声をかけて、職場の人と飲みに行くことを目標にしています。

「熱意」「粘り」「仲間」を持って、あなたの想い（政策）を実現してほしいと思います。自治体職員の仕事のやりがいを感じてもらえるはずです。

小から大へ！　地域政策は、地域全体に広げることが大事

窓口に来たお客様に「あんまり個別の事業者ばかり支援していると反発が出ますよ」、反対に「地域を牽引する企業を集中して育てるほうが、最終的に地域全体への効果や投資効率が高いと思いました」と双方の意見を言われたことがあります。両方とも入口や途中の道が違うだけで最終的には地域全体のことを考え、辿りつく場所は同じです。僕も**「地域政策は、地域全体に広げることが大事」**だと思っています。ただいきなり大きく始めると、総崩れになるリスクや大きな予算を投入するリスク、後戻りできずにサンクコスト（「埋没費用」と言って後戻りできない心理から追加投資を続ける）が発生するリスクなど大変なことになってしまいます。

自治体職員は、立案した政策が広範囲に及ぶことが多いため、このような心配から新し

いことをしたくないという心理が働きやすいと思います。一因として、自治体職員の世界や役所という組織では「投資」より「公平性」という言葉の方が重要視されることにあります。予算を投入するときに広く均等にしかできないと、小さく始めにくく、チャレンジできません。公平性を一緒くたに捉えて「結果の平等」を求めてはいけません。「機会の平等」が重要で、チャンスを活かした人たちが突き抜けてくる、地域全体のためになる事例として、まずは小さく成功させると発想を変え、後から地域全体に発展させていくほうが、政策を成功させるには合理的なやり方です。

だから公務員は、小さくスタートして大きく育てることをやったほうがいいと考えています。「3年間でこの目標数字までやってみる」と決めてスタートすれば、その時点で改善したり、廃止したりしやすくなります。

「モデル」は「集団」へ発展させるための戦略。だから事業を立ち上げる当初から糸島マーケティング「モデル」と名付けました。きちんとマーケティングの手順を落とさないように踏んでいけば、売上や事業者のスキルも上がっていく、方向性としては間違っていない。後はいかに大きくするかだと思っています。

糸島マーケティングモデル事業は「博多BARIMEN」の後は、高校と地域の事業者の自主的な連携として自立した活動へとシフトしています。市は必要な場合のみ調整に入るといった立場に変わり、糸島漁業協同組合と伊都菜彩と高校で、福岡市内での活動を次々と広げていく形となりました。

「補助金がなくなったら」「担当者が変わったら」継続しないという話をよく耳にします。だから事業を立ち上げる時は、市以外にプレイヤーになり得る人たちに最初から入ってもらいます。軌道に乗れば、後は役所は必要ないという立ち位置のほうがいいのです。

また最初はこのような取組みが難しかった糸島市内の高校も、同じような取組みができないかと相談の声があがっていると伺いました。やはり地域に石を投げて波を立てることで、次につながることもあります。

小さく始めてみた結果、もっと広く、早く経済波及効果を出すため、当初の構想のとおりマーケティングを支援できる地域商社に取り組みたいと思いました。

糸島市の多くの事業者が商品開発をし、お土産ラインナップをそろえ、販路開拓や広告宣伝を一体的に行うこと。そして、その背景にある生産者のこだわり、地域性など「なぜ糸島のお土産がいいのか」を訴求してブランドを育成するため、僕は今、次の挑戦をしています。

例：エクセルで表の枠線を「=856(文化 2014)/856($2014 文化)」として、
あとは右側に数式をドラッグしましょう。

（倍）

	2014	2015	2016	2017	2018
食	1.00	1.17	1.32	1.18	1.04
文化	1.00	1.06	1.09	1.28	1.43
自然	1.00	0.95	0.97	1.00	1.01
合計	1.00	1.10	1.20	1.15	1.09

すると、「食」は５年前のレベルに落ちていることや、「自然」はそう変わらない、「文化」はかなり伸びていることがわかります。

「文化」をさらに分解して要因を探ったり、新しいまちの強みがわかったりする機会になるかもしれません。

目的別観光入込客（2014 を１とする）の変化率

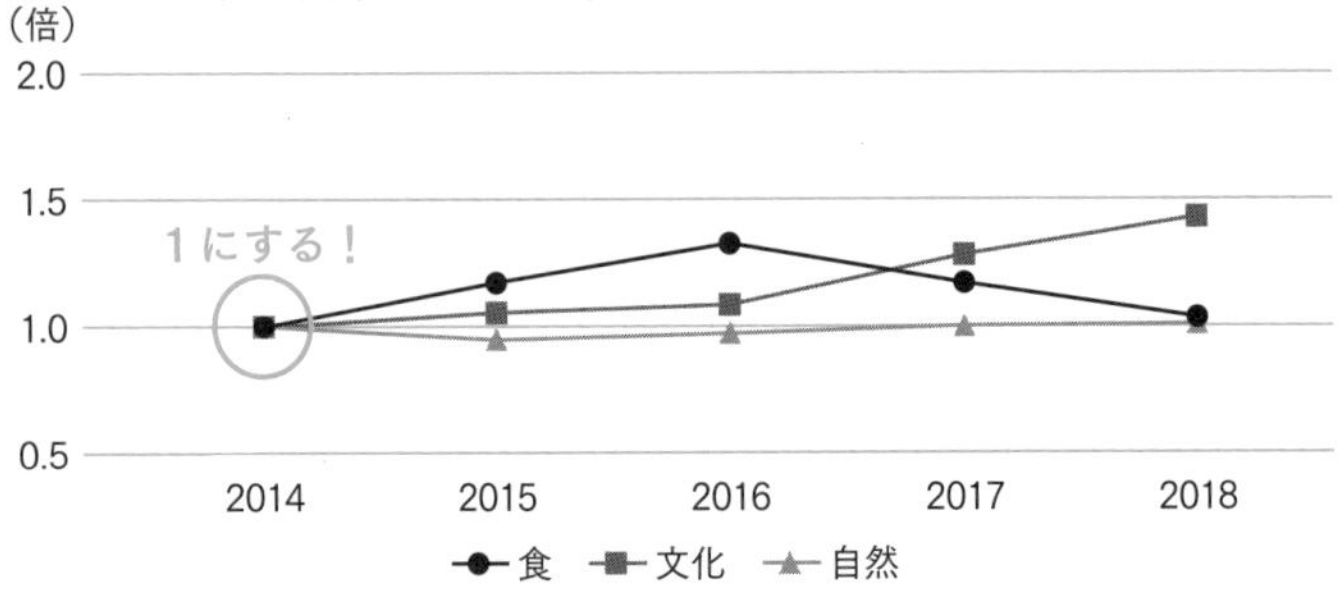

簡単そうですが、意外と目にしないのではないでしょうか。窓口のお客様を同様に調べるだけでも、どんなお客様がどのくらい増えているかなどがわかります。企画書に入れれば「だから予算を割いて対応することが必要」と言いやすいですよね。

分解したら変化率を一緒に調べてみましょう！

ＭＢＡミニ講座③

「変化」を捉えるとヒントが見えてくる！

グラフと表はMBAミニ講座②で使った観光入込客数の推移です。

よく見ると、食は減っていますが、文化は増えています。しかし全体が減っているので、それぞれの傾向がわかりにくいと思いませんか？

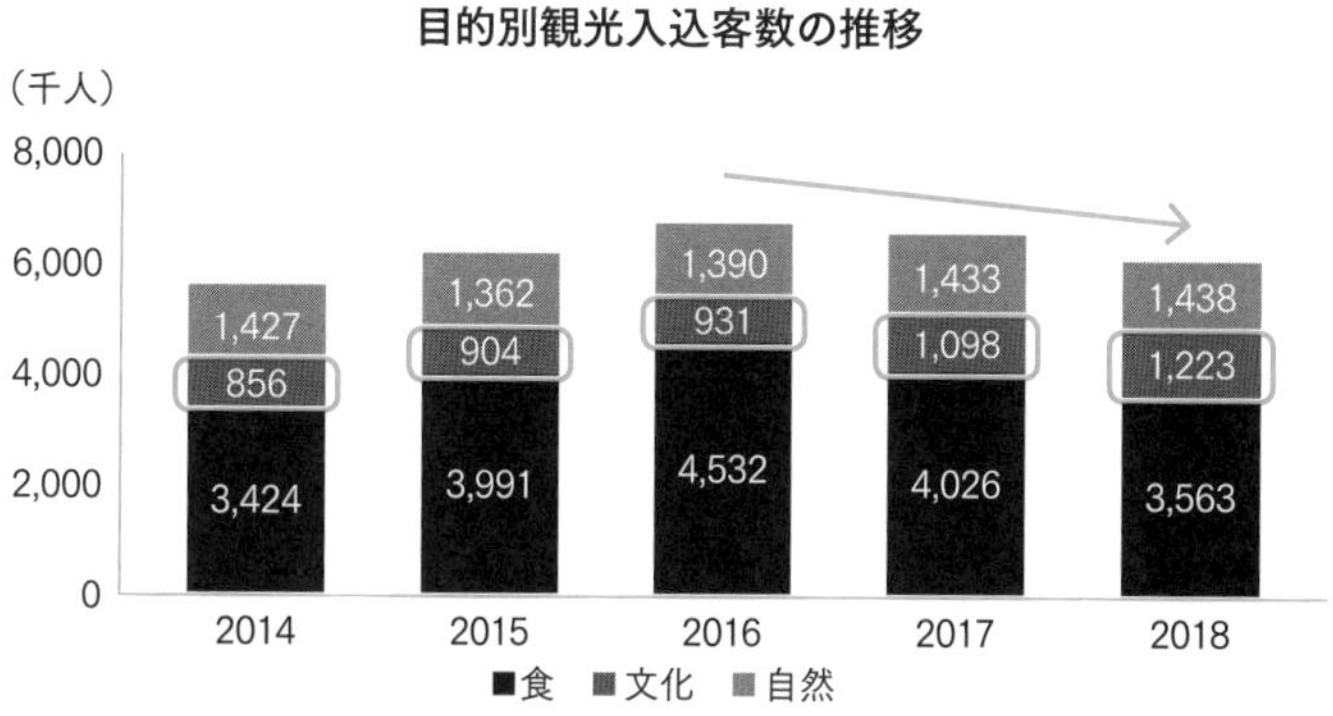

そんなときは変化率のグラフに変えてみます。コツは始点を「１」にすることです。

（千人）

	2014	2015	2016	2017	2018
食	3,424	3,991	4,532	4,026	3,563
文化	856	904	931	1,098	1,223
自然	1,427	1,362	1,390	1,433	1,438
合計	5,707	6,257	6,853	6,557	6,224

女子高生とのコラボで生まれた商品第１弾。
パッケージも女子高生のデザインによる「糸島産ふともずく」
（写真提供：公益財団法人 福岡県中小企業振興センター「もっと福岡」
https://fukuoka-yokamon.com/futomozuku_pj/press_futomozuku　より引用）

第4章

糸島ファームtoテーブルは戦略立案だった

～「食」は稼ぐ地域戦略！

糸島ブランドが「食」を中心に観光客が増え、自然、移住の人気へとつながっていました。「行ってみたい」から「住んでみたい」、いわゆる交流人口から定住人口につながった事例といえます。産直施設や飲食店、カキ小屋の集積から観光客が増え、糸島の食材たちが注目されることで、福岡市内では「飲食店に入れば糸島食材に当たる」といった状態になり、面的に糸島を目にする機会が増えました。

おしゃれなレストランは福岡市内だけでなく、糸島での起業につながり、レストランのほかにも、カフェ、ベーカリー、菓子店、居酒屋など飲食店が毎年何店舗もオープンしているほどです。

遊びや暮らしのスタイルがマッチし、テレビ、雑誌等で糸島市内の自然環境や遊び方、暮らし方を謳う記事が多く出るようになり、糸島スタイルのイメージが消費者に浸透していきました。そこには糸島の強みといえる食の土台をつくり、守ってきた農業者、漁業者の絶え間ない努力があると思います。

ブランドは簡単に言うと「〇〇と聞いて何を思い浮かべるか」ということです。「糸島市」

と聞いたときに何を思い浮かべるか、お客様に糸島市を知ってもらい（認知）、何が違うのかを理解してもらい（知覚）、遊びや暮らしのイメージを連想してもらう必要があります。

僕は行ったことはありませんが、行った方の視察の報告書、研究論文やＷＥＢ・雑誌の記事などを調べると、スペインのサン・セバスチャンは美食のまちと言われ、美食倶楽部のようなものがたくさんあるそうです。観光客の増加によってレストランが増えるだけでなく、舌の肥えた顧客によってレストランのレベルも高いものになり、消費者と一緒に地域の食が育てられています。人口20万に満たないまちでミシュランの星付きレストランの割合が高いことでも知られ、２０１５年にはＵＮＷＴＯ（世界観光機関）ガストロノミー（美食）ツーリズム世界フォーラムの第１回開催地に選ばれているほどです。

観光客だけでなく住んでいる人も、地元の食材で作られたレストランの食事を楽しみ、家族や仲間で余暇を楽しんでいます。サン・セバスチャンと同様に、アメリカのポートランドでもそのような暮らしが根付き、人が集まるまちになっています。「食」を地域戦略にしているのです。

僕は糸島市にもこれらのまちに負けないポテンシャルがあると思いました。アジアをはじめ世界中から「食」を楽しみに来てくれるようなまちになると思い、だから糸島の食材

や生産者をもっと全国の人に知ってもらいたいと思いました。そしてその背景にある、食材を育む自然や、いま糸島時間を楽しんでいる人たちの姿をもっと多くの人に知ってもらいたいのです。

差別化戦略を考える

全国どの地域も、特産品、観光、移住など顧客の獲得に競争を繰り広げています。自治体職員の担当者として政策を考えるときに、自分のまちの強みや競争力（競争優位性）がどこにあるのかを企画書に書きたいと思わないでしょうか。

世の中のサービスは、大きく分けて2つの戦略に従っています。それは、世界で最も有名な経営学者と言っても過言ではない、ハーバード大学のマイケル・ポーター教授が提唱した「低コスト化（コストリーダーシップ）」と「差別化」の2つです。

仕入れルート、ITなどの効率化で「低コスト化」を図るか、他ではつくれない原料や技術、地理条件や連携体制を使って、サービスの「差別化」を図るしかありません。

地方では、まちを安売りしたくない、価格競争に巻き込まれたくない、規模の経済を得るだけの大量な資源が確保できない、といった理由でコストリーダーシップの戦略をとる地域は少ないと思います。そもそも北海道のように広大な土地で野菜を大量に作り、安価に全国へ流通させたり、大量に製造できる大企業が地元にあったりする地域なんて多くありません。だから地域は希少な食材などの資源を使って高く売りたいといった「差別化戦略」をとるし、そうなるのは当然の結果です。

したがって、地方自治体は生き残りをかけて、コスト以外の差別化戦略の中で競争しており、他の地域とは違う「徹底的な差別化」を図っていくことが重要なのです。

ブランドは消費者に他のサービスとの違いを知覚してもらわなければなりません。

異動してブランド推進係に配属になり、住

差別化戦略のイメージ

大きくは
2つの戦略しかない

	低コスト	他にない特徴
戦略	コストリーダーシップ	差別化
方法	効率化、大規模化、仕入体制、シェアリングなど	希少化、ブランド化、パートナー、自然、技術など
便益	安さ	サービス
例	県内で一番安い直売所	福岡市から近く、地元の農水産物、加工品が全部揃う直売所

（著者作成）

んでみたいまちにするという大きな戦略を見たときも、まちを存続させる（経済的に自立させる）ための手段として人に住んでもらいたいのだと考えると、とにかく稼ぐまちにする（生産性を高める）ことが指標だと思いました。「ブームで過ぎ去らないように、圧倒的なブランドになれる可能性を探る。そのためには永続的に他の真似できないような、徹底的に差別化を図れる強みを知ろう」と考えました。

徹底的に強みを考える

差別化を図るときに、糸島市の持てる資源に「価値があるか」「希少性があるか」「模倣しにくいか」「組織があるか」の４つで強みを考えていきます。「食」は価値あるものです。しかもＡＩができても人間の代わりに食事をしたり、飲み会などの余暇を楽しんでくれることはない永久的な価値を持っています。

また糸島市の場合は、福岡市が重要な市場であるので、まずは福岡市をターゲットにする都市圏や県内自治体と比較して、糸島市の農水産物に優位性があるのか、食材の希少性や模倣しにくいところ、それを支える生産者の状況などを分析しました。

皆さんのまちでも徹底的に差別化が図れるものを考えてほしいと思います。競合となる自治体との比較が重要です。

僕は糸島市の食を支える農業、漁業の強みを分析してみました。

年間農業産出額を福岡都市圏（福岡市に近接する福岡市を含んだ17市町）の上位自治体と比較すると、糸島市は特段高く、6団体販売額の約60％を占めています。また、糸島市は販売額と従業者数の両方とも高いことがわかりました。農業部門別販売金額と日本一の売上を誇る産地直販施設「伊都菜彩」の農産物地場産率が約96・4％（肉、野菜の他、果実90・3％、花き100％、米類100％）を考えても、多品種、多量が一自治体で一挙に揃うことが強みであることがわかります。

2017年品目別農業産出額

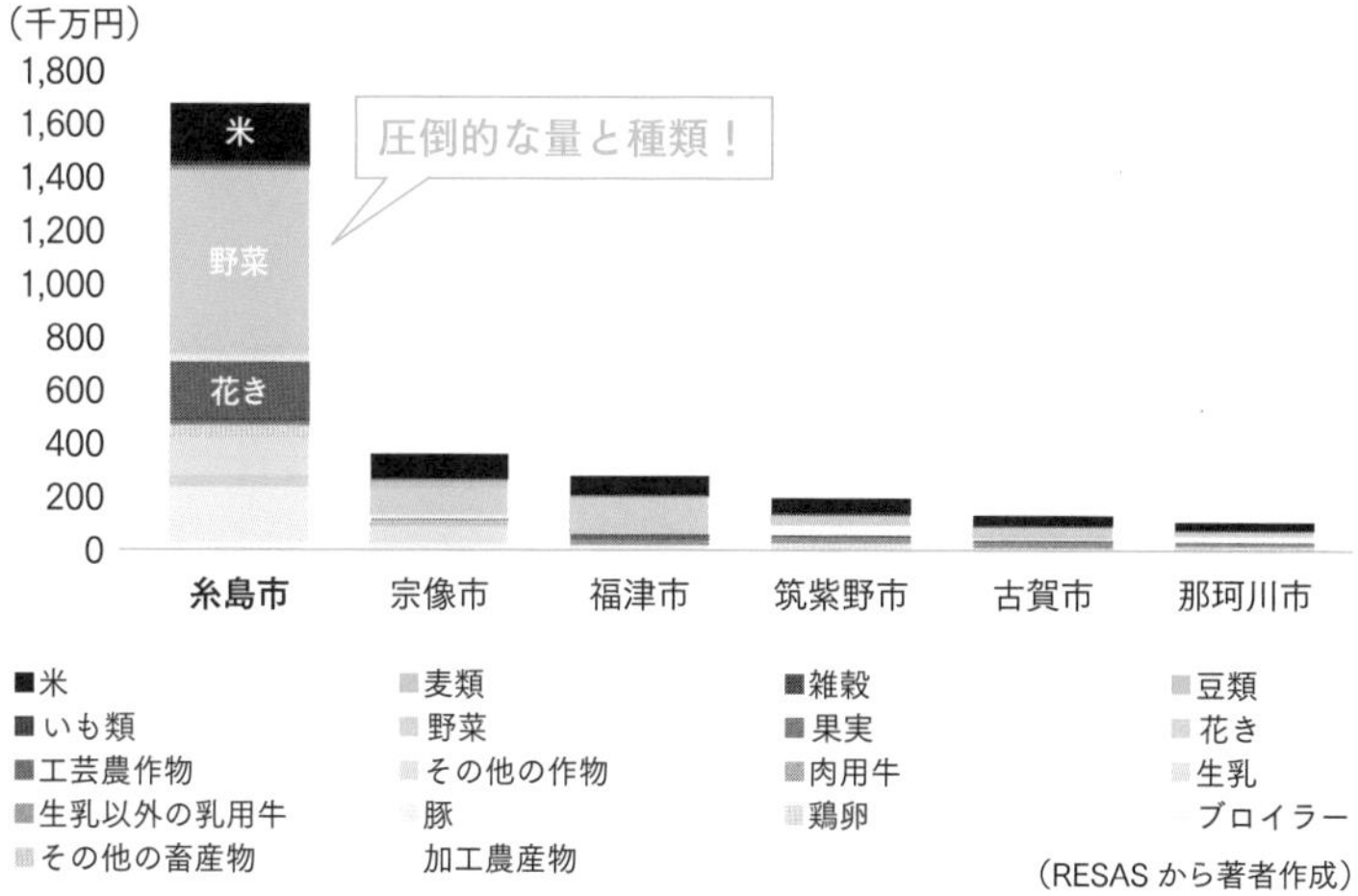

（RESASから著者作成）

上位の宗像市や福津市にも道の駅や産直施設がありますが、隣のまちからの出荷者も多く、地元産だけで年間40億円の量と種類の食材を揃えることは困難です。また海に面する自治体でなければ水産物を揃えることもできません。

この農業産出額に農業者数を組み合わせて分析してみると、この状態をつくる組織体制も圧倒的な強みでした。これだけの生産体制を支える人たちが糸島市にはいます。図のように2軸にして、自分のまちのポジショニングをしてみると差別化を視覚化できます。

組織という視点でみても、農協、漁協とも糸島市に一つずつしかなく、市とこんな

福岡都市圏の農産物販売金額（上位自治体）および農業経営体数2010年

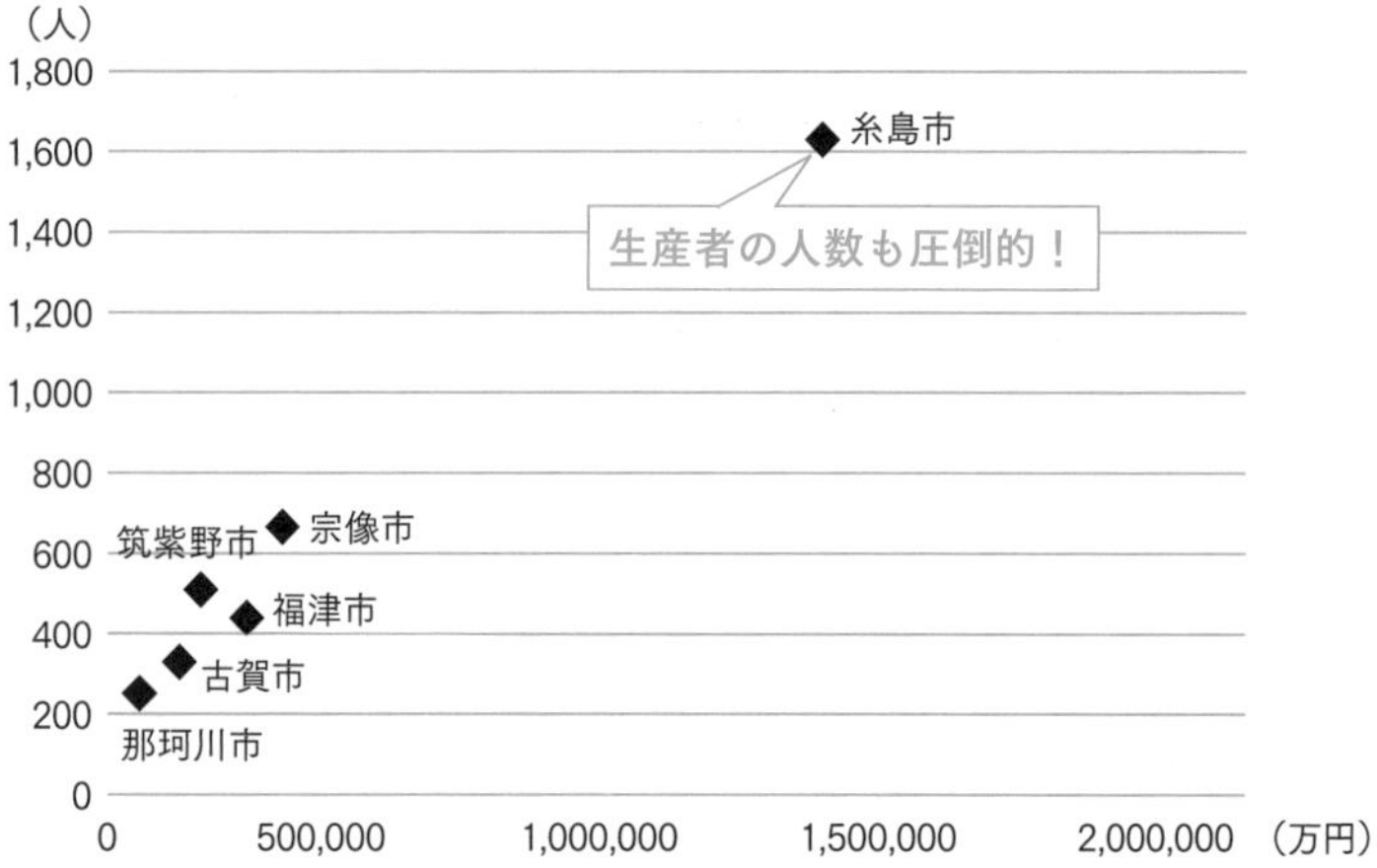

（RESASから著者作成）

に普段から顔を合わせ、連携できているまちは当たり前ではありません。

糸島市の強みとして、どのくらい糸島市に稼ぎをもたらしているのかを調べました（次ページ参照）。

縦軸の付加価値額の修正特化係数とは、全国平均を1として「平均の何倍くらい儲かっている産業であるか」を示しています。つまり、糸島市の水産業は全国平均の4倍以上、農業は3倍以上を稼いでいることになります。横軸は外からどのくらい稼いでいるかですが、プラスになっている産業自体が少ない中、農業は80億、水産業は20億と合わせて100億円を糸島市にもたらす産業です。農業、水産業は、全国平均より多くの利益、地域外からの稼ぎも大きく、糸島市にとってかなり重要だとわかります。

2016年には農業も全国平均の4・65倍まで稼ぎが伸び、従事者数も6倍になっています。**しかし課題もあります。それは生産性の低さです。**少量多品目で、多種の食材が手に入ることとトレードオフになっており、脊振山系と海に挟まれ平地が少なく、中山間地が多いという不利な地形という理由があります。生産性は付加価値額を労働者数で割った数字なので、分子を増やすために食材の価値を上げて単価を上げたり、B級やC級品でも直売所やレストランに販売する、人口減少、高齢化によって減る消費者需要を補うため

2013 年糸島市における移輸出収支額と付加価値額

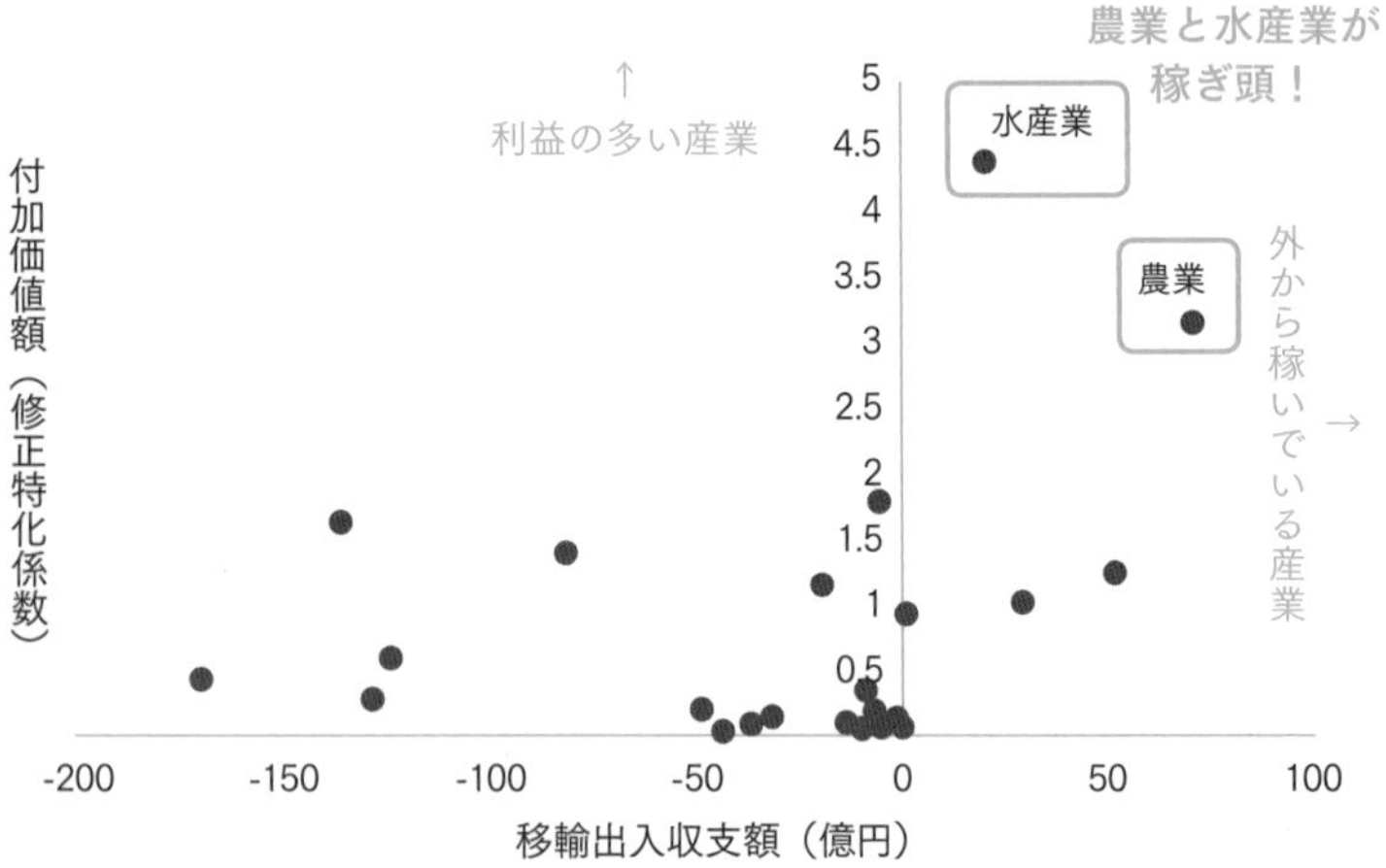

（RESAS から著者作成）

糸島市の 2016 年農業特化係数

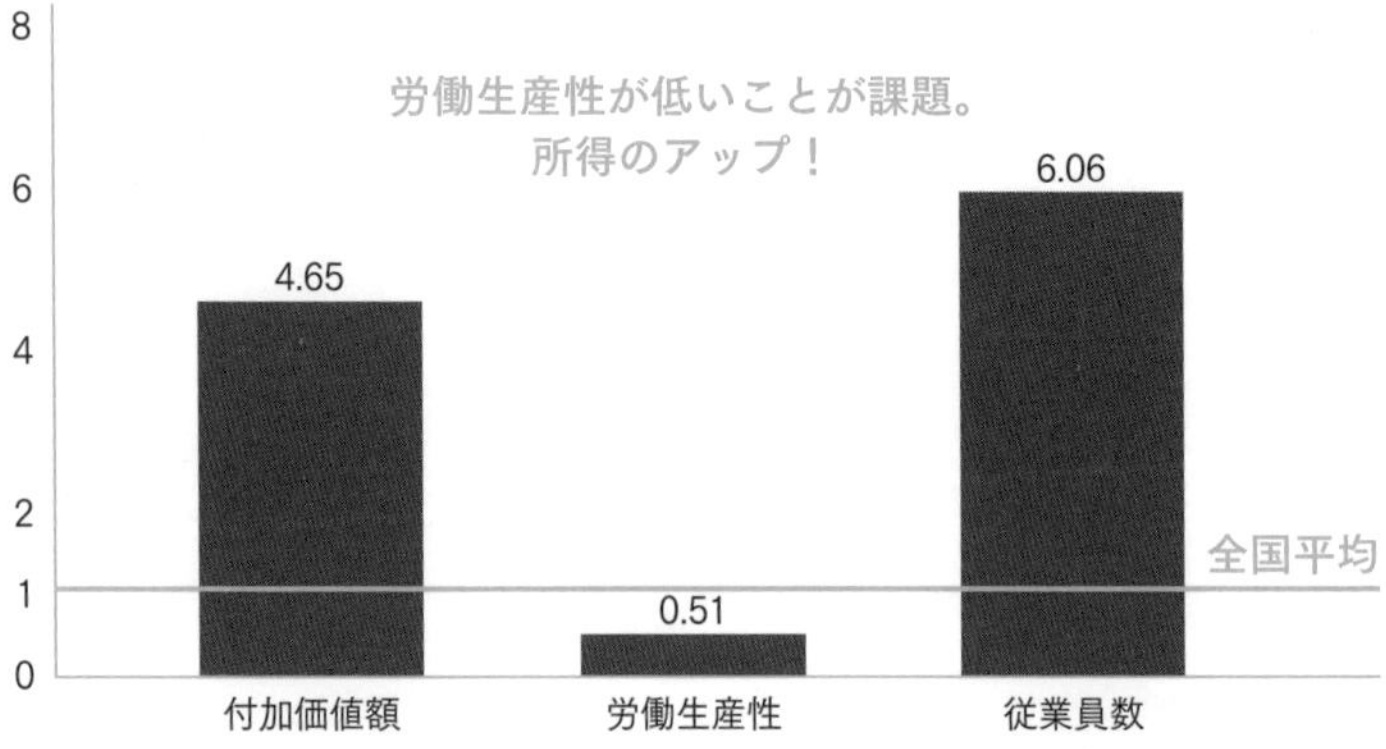

（RESAS から著者作成）

に外に売るなどの取組みが必要になります。

また、高齢化が進み、同じ一人でも生産性が下がってしまうので、若い人たちの新規就農が必要になり、ＩＴ化、機械化などで稼ぐことが必要になるのです。

労働生産性は低いのに、市全域の付加価値額の合計は他自治体より多い状況です。その理由は生産者の数が多いという効果が大きいことがわかります。いわゆる人口ボーナスと同じです。これからは、生産性に焦点を当て、もっと地域全体の稼ぎを上げていかなければならないのです。

糸島市の優位性をさらに調べるため、福岡都市圏における糸島市の農業生産額と市場成長率、市場シェアを他市町村と比較すると、市場成長率も高く、都市圏すべての生産額を均等に割っても1市町当たり平均6・3％ですが、糸島市は36％ほどを占め、糸島産は圧倒的シェアを誇ることがわかります。さらにこの地位を成長させ、シェアを伸ばしていくことで生産性が高まっていくと考えました。

福岡都市圏における農業生産額の市場成長率とシェア率

成長率は{(2017年の産出額等)－(2014年の産出額等)}÷(2014年の産出額等)×100%
シェアは全17市町の生産額のうち当該自治体の占める割合。円の大きさは生産額の大きさ

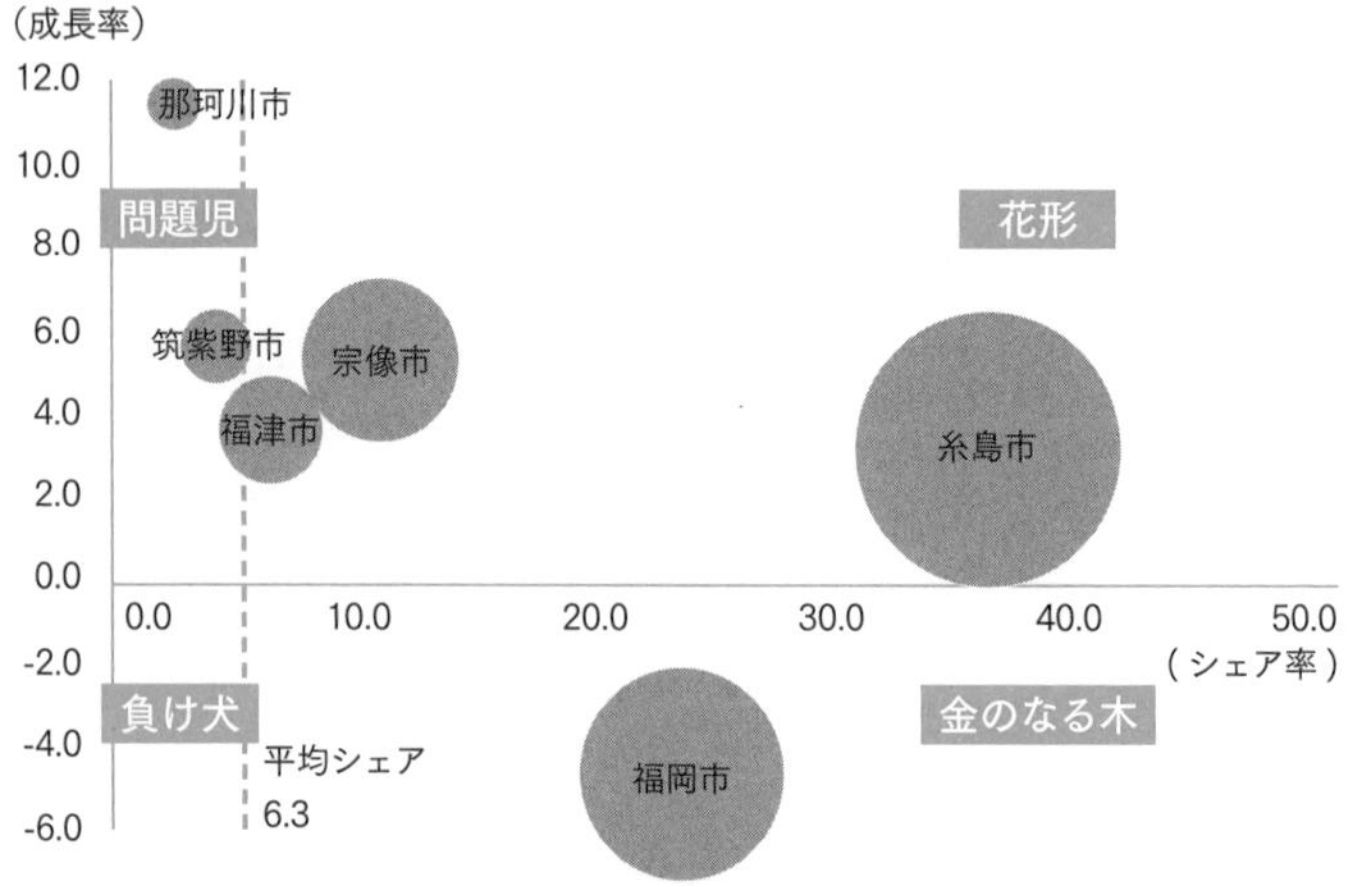

■花形（star）（成長率：高、シェア率：高）

成長率・占有率ともに高い伸び盛りの状態であり収入も大きい反面、成長局面にあるため競合も多く、設備投資や開発費など多額の追加投資を必要とする状態。高シェアを維持し続けることで「金のなる木」へと育てるべきであるが、シェアが低下すれば「負け犬」となる。

■金のなる木（cash cow）（成長率：低、シェア率：高）

シェアの高さから大きな利益が見込めると同時に、成熟局面にあるため追加的な投資もあまり必要でなく稼ぎ頭となっている状態。ただし、市場は既に成熟局面にありそのままでは会社が衰退してしまうおそれがある。

■問題児（question mark）（成長率：高、シェア率：低）

成長率が高い反面、占有率が低い分野。多額な投資資金が必要な一方、多くの資金流入は見込めない。シェアを拡大しつつ成長を高めることができれば先述の「花形」となるが、シェアや成長が低いままだと後述の「負け犬」の製品となる。

■負け犬（dog）（成長率：低、シェア率：低）

成長率もシェアも低く、利益も上げられないまま市場競争に負けてしまっている分野であり、早急な撤退を検討するべきとされる。投資次第では先述の「金のなる木」になりうるが、深入りして撤退の時期を誤ると損失の増大をもたらす。

（BCGのプロダクト・ポートフォリオ・マトリックス）

これだけの食材の優位性を持っていて、実際に観光客を見ても、糸島市は産直、飲食店（日帰りのホテル・旅館含む）、カキ小屋で6割を占めています。飲食店だけの観光も全体の1割を超え、年間60万人を超える数になっています。

産直やカキ小屋は脚光を浴びていますが、僕は注目すべきは飲食店の増加だと考えています。２０１４年と２０１５年、２０１７年と２０１８年は観光客と飲食店の数の相関を見るとかなり強く、今や80万人近くも観光客が訪れています。またカキ小屋も観光客を牽引する力が大きく、これは飲食店の部類に近いものです。

実際に糸島の観光案内雑誌を見てもレストラン情報が多く、毎年新しいお店が紹介されています。食材、ロケーション、伸びている市場など魅力的な環境に惹かれ、糸島での開業につながっています。

これは糸島市だけにとどまらず、福岡市内でも「糸島産〇〇」というメニューを目にするお店が増え、朝出勤前に糸島市の直売所に割烹着を着て、食材を買い付けに来てくれるシェフをいつも見かけます。福岡市内や福岡県出身のシェフが他県で開業する場合にも、糸島食材を使いたいという相談件数も増えました。強みである食を地域戦略にすることで、観光客が増え、レストランの起業が増え、食材はブランド化され、農漁業が発展し、おしゃれなまちで暮らしたいというように、食を中心に糸島が発展していく姿が見えました。

僕にとってこの分析が大きな気付きをくれました。目的にたどり着くまでの大きな道筋、つまり戦略がきちんと見えれば、あとは戦術と言われる手段は考えやすくなります。「糸島市内にレストランの出店数を増やす（マーケティングドライバーと言われる）」と考えれば、さまざまな打ち手は浮かび、同じ職場の仲間も、異動して次に来る人も理解しやすいし、地域との連携や説明もしやすくなり、事業実施の有無の判断基準になります。

あなたならどう考えますか。糸島食材の地元仕入れシステムをつくる、シェフと生産者の出会いマルシェを開催する、料理学校をつくる、世界的なグルメイベントの開催地にする、はたまた出店しやすいように都市計画を変えてしまう、などやりたい事業は膨らむばかりです。その方向が間違わなければ、担当者は思い切り企画ができ、ワクワクする仕事ができます。きちんと戦略を決めることが難しくも大事なことです。

糸島市の観光入込客数と飲食店・カキ小屋の増加率

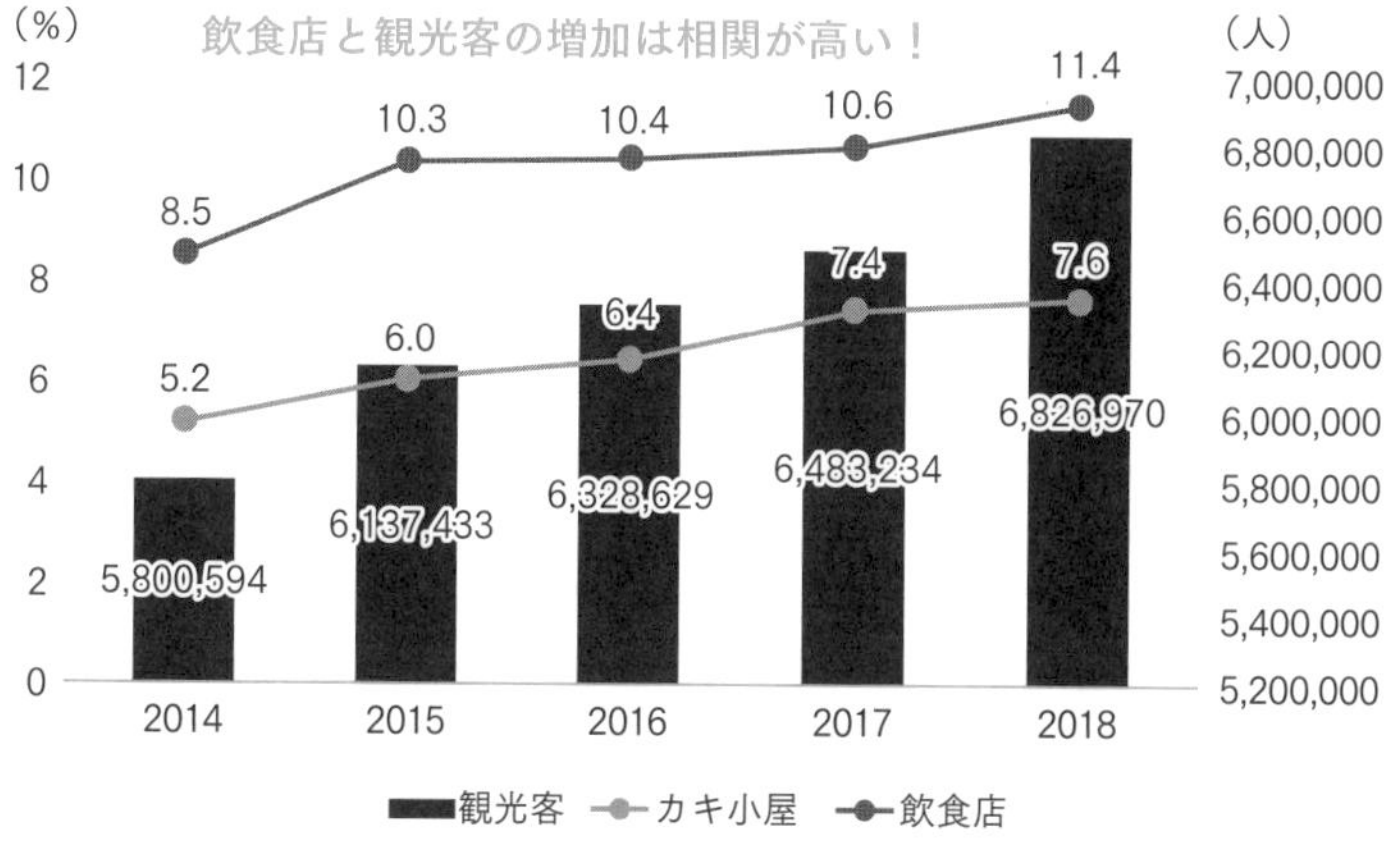

（福岡県観光入込客調査から著者作成）

（KADOKAWA『とっても新しい糸島案内』）

このようなことを考えていて、周囲から「新しい係の色を出して、がらっと変えていいんじゃないの？」と言われたことがあります。しかし自分できちんと戦略を考えられるようになれば、突発的な意見にぶれることはありません。

地方自治体はどこも財政難で「事業の選択と集中だ」と言われますが、にもかかわらず総花的な計画が多いようです。ブランドに限らず、戦略はやるべきことを絞って生き残っていかなければなりません。

ＵＳＪをＶ字回復させたスーパーマーケターの森岡毅氏が良い戦略の４つのＳを示してくれていますのでご紹介します。

Selective（セレクティブ：選択的かどうか？）

やることとやらないことを明確に区別できているかです。人やお金といった組織の資源は限られているから、それを配分するために、そもそも戦略を立てる必要があります。「食」分野ということに絞って、地域で存続できる効果が高いものを選ばないといけないのです。

Sufficient（サフィシエント：十分かどうか？）

戦略によって投入されることが決まった経営資源がその戦局での勝利に十分であるかどうかです。食材の豊富さ、レストランの多さなど地域における資源は十分で、市の予算や人員を考えて、「食」に絞ればなんとか戦力を継続投下できます。

Sustainable（サステイナブル：継続可能かどうか？）

短期ではなく中長期で維持継続できるかです。長期的に考えても、糸島市の「食」は可能性が高いと考えられます。

Synchronized（シンクロナイズド：自社の特徴との整合性は？）

自社の特徴（強みと弱み、あるいは経営資源の特徴）を有効に活用できているかです。分析したように「食」であれば強みを発揮し、地域資源を有効に活用できます。

いろいろと手を出すより、「食」に絞ることでまずは経済的に持続可能な地域をつくり、仕事、子育て、環境、健康などさまざまな面に波及させていくことが戦略としてはいいと思いました。そもそも自分の担当部署から一気に多方面の施策を同時にできるはずもありません。

組織の資源を選択して、集中するという意味は裏を返せば「やらないことを決める」ということなのです。僕は今自分のやれることを考えながらも、将来的にはレストランや料理学校などの誘致を促進する手を打つことによって、糸島市で就職したり、起業したりできるまちになると思いました。

さらに世界中から観光や暮らしの中の余暇を楽しむ人が訪れるようになり、自国に戻ったら糸島の食材と技術を世界に伝え、世界中に糸島の生産者やこの環境を支援してくれる人たちがたくさん出てくるビジョンを想い描きました。

市場の動向も上々

強みはしっかり把握し、対象とする市場、つまりお客様がどうなのかを知る必要があります。確かに糸島市の「食」に関連する観光客は伸びていましたが、産業として衰退してくれば、いずれお客様もシェフもいなくなり、企画が成功しにくくなります。

だから外食産業のうち、糸島食材を取り扱ってもらえる店舗イメージから、「食堂・レストラン」「宿泊施設（ホテル・旅館等）」「喫茶店」「居酒屋・ビヤホール等」「料亭」のみを抽出し、経年変化を調べました。

食堂・レストランは規模が大きいのみでなく、成長率が最も高いことがわかります。市場規模10兆円を福岡都市圏エリアだけに置き変えても約2％（250万人／1億2000万人）の2000億円と試算できます。近隣だけでも糸島市の経済活性化には十分な市場です。こういった規模やトレンドをとらえることはとても重要なので、詳しく知りたい方は、拙著『スーパー公務員直伝！　糸島発！　公務員のマーケティング力』を参照してほしいと思います。

食堂・レストランがこれだけ伸びているので、この産業で市の施策を打つと外部環境の有利さを利用することができます。

これはざっくりと試算しましたが、実際は福岡都市圏250万人の市場規模をさらに詳しく調べることができます。『レジャー白書』では福岡県民の余暇活動量がわかります。すると、外食産業では年間500億円の市場規模ですが、食と掛け合わせて効果が発揮できるような余暇産業全体を見れば、1800億円に及びます。福岡都市圏の人たちに、糸島市で「食」を中心に楽しんでもらえるコンテンツを充実させていけばさらに効果が見込めると思いました。

外食産業市場規模の推移

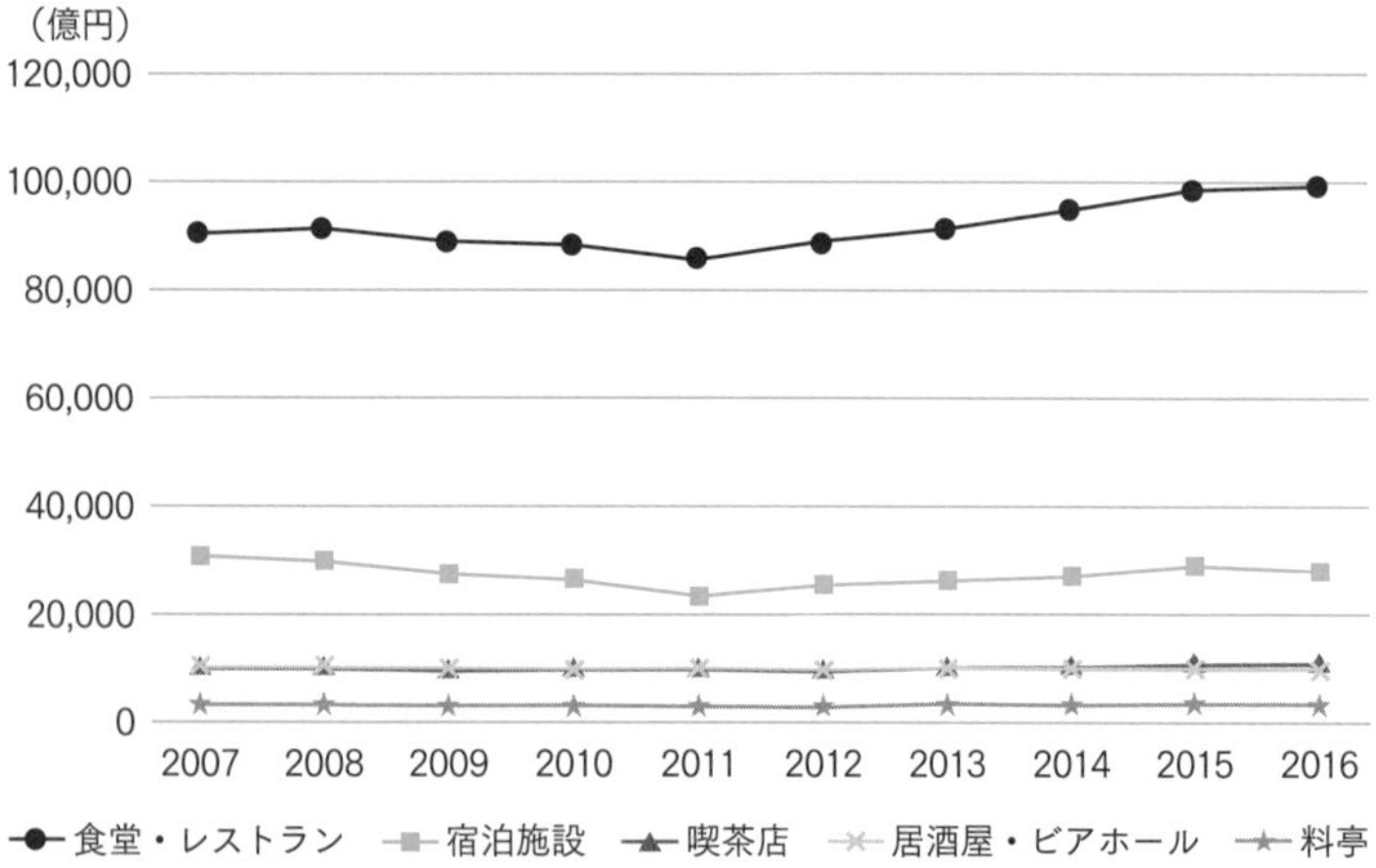

（一般社団法人 日本フードサービス協会 HP から著者作成）

福岡都市圏（17 市町）における年間余暇市場規模

福岡都市圏 人口（万人）	余暇 コンテンツ	福岡地域 参加率（%）	福岡地域 参加人口（人）	年間平均 活動回数（回）	1 回当たり 支出（円）	経済効果（億円）
250	外食（日常以外）	37.1	927,500	17.1	3,180	504
	ゴルフ（コース）	6.8	170,000	17.8	9,570	290
	温浴施設	22.7	567,500	27.2	1,650	255
	ドライブ	40.2	1,005,000	12.5	1,760	221
	釣り	11.4	285,000	9	4,600	118
	BBQ	21.2	530,000	3	4,230	67
	写真の制作	11.4	285,000	22.7	870	56
	マラソン、ジョグ	21.2	530,000	34	290	52
	登山	6.1	152,500	4.8	6,790	50
	ハイキング	11.4	285,000	10.5	1,420	42
	サイクリング	9.1	227,500	30.5	550	38
	海水浴	6.8	170,000	2.4	7,920	32
	ウォーキング	27.3	682,500	47.6	80	26
	サーフィン	0.8	20,000	19.4	2,720	11
	合計					1,824

経済効果が高いのは外食

（日本生産性本部「レジャー白書 2017」から著者作成）

観光面から稼ごうと考えた場合、目的は単に観光客数を増やすことではなく、観光消費額を増やすことです。

表のように訪日外国人1人当たりの費目別旅行支出を見てみると、宿泊費、飲食費、買い物代で80％以上を占めています。

交通費は小さな割合ですし、糸島市内に宿泊場所は少なく、飲食と買い物にお金を落としてもらうしかありません。表は訪日外国人のデータですが、観光消費額という視点から見ると、食を地域経済の活性化戦略の柱に掲げるのは合理的だとわかります。

国内のデータでは、静岡県立大学の岩崎邦彦教授が、観光地＋「　」＝

訪日外国人1人当たり費目別旅行支出

項　目	金額（円／人）	割合（％）
宿泊費	45,787	29.92
飲食費	33,748	22.05
交通費（2次交通）	16,160	10.56
娯楽等サービス費	6,011	3.93
買い物代	51,256	33.49
その他	67	0.04
計	153,029	100

（2018年観光庁・訪日外国人消費動向調査から筆者作成）

満足に思い浮かぶ言葉を入れてもらうという全国消費者1000人調査(2018年)を実施しています。

結果は表のとおりですが、「おいしい」が最も多く出現し、「食事」「グルメ」「料理・ご飯」とベスト5のうち、4つも食に関するキーワードがランクインしているのです。

食は観光客の満足度を高め、リピーターを増やし、地域ブランド力を高める効果が大きいことがわかります。

糸島ファーム to テーブル事業を開始

1年間ブランド推進係を経験したものの、食を柱にレストランでの食材採用や糸

観光地には何を求める？

観光地＋「　　　」＝満足

順　位	キーワード	出現回数
1	おいしい	141
2	食事	126
3	温泉	102
4	グルメ	77
5	料理・ご飯	53

（岩崎邦彦『観光ブランドの教科書』日本経済新聞出版社から抜粋）

島市への誘致、そしてそのプロモーションなど、まちのブランド戦略を自分たちで考え、舵を切るのは本当に不安で、やはり職場の仲間が本当に心の支えでした。まわりが仕事に前向きで、ひとりではなく、係で責任をもって進めてくれます。糸島市役所はしっかり考えをもって提案すれば若い職員の意見も通り、事業を実現できるまちだと思います。

そしてこの年も、この分析をもとに内閣府の地方創生☆政策アイデアコンテストに応募させてもらい、帝国データバンク賞をいただきました。

ハコ物を建てたり、大きなイベントを起こすなどの方法より、より小さく始めるため、まずはシェフに糸島の食材を知ってもらうことから始めたいと思いました。すでに多くのシェフが関心を寄せてくれていましたし、糸島の生産者の情報を提供し、市が一緒に回ってあげるだけでも、助かるという声をたくさん聞いていたからです。

糸島食材を取り扱う飲食店を増やしていきながら情報発信に力を入れました。お金をかけることができなかったので、ライターでもない僕が一緒にシェフと回って自分で写真を撮り生産者の情報を聞き取り、WEBもお金がかからない市のホームページに記事を掲載していきました。今でもお知らせ的なページが多い中で、生産者や食材情報を継続的に発信する用途で使っている部署は少ないと思います。その記事を市のSNSでシェアしたり、国の補助事業を活用して、大手雑誌社のサイトに上げてもらったり、生産者を飲食店に連れていき、一緒にグルメイベントを開催するなど、とにかく市のお金がかからないようにできることをやりました。

これにはもう一つ個人的な狙いがありました。僕自身が農業や漁業に詳しくなく、強みである糸島産食材のことを詳しく知る必要があったし、生産者と顔の見える関係を築きたかったのです。

飲食店も雑誌やWEBに掲載されたり、食材や生産者とのつながりを持ったりすることができ、大変喜ばれました。今では、こちらから何のアクションをしなくても、「市のホームページを見ました。糸島の食

首都圏イベントで卵黄をつまんで見せる養鶏農家（写真提供：糸島市）

材に関心があってそちらに行きたいです」という飲食店が増え、毎年10店舗以上を案内しています。飲食店から食材の仕入れとともに、市内外の開業のご相談を受けるようにもなりました。

生産者からも「いい取組みなので続けてくださいね」と喜びの声をもらったり、少し時間が空いてしまうと「もうやめてしまったんですか?」と心配してくれる人も出てきました。

特産品を紹介するときはストーリーをつける

全国へ講演に行くと参加者から「うちには何も資源がありません」との言葉をよく伺います。でも大丈夫です。地域のモノを資源に変えるストーリーはつくれます。野菜や果物、肉・魚などの背景に生産者や地域イメージを浮かべてもらう工夫や手間をかければよいのです。

野菜の写真だけではなく、それが育まれる糸島の風景の写真、作られるまでの苦労を記事に起こす、何日も漁について行って漁師の息子の修業の様子を動画にするというように、商品にさまざまなストーリーをつけることができます。僕自身、生産者と一緒に仕事をするようになり、店頭では見えないことばかりで、食材に隠れる価値を感じることができました。その価値を消費者に伝えることが大事です。

糸島産の「もずく」も、初めて見た人は「普通の『もずく』と何が違うの?」とモノにしか見えません。しかし「地域を守り抜くために独立志向の船長たちがチームになって16年も続けてきました」「漁師さんたちを助けるために、女子高生たちが2年間現場で収穫体験や工場視察をしてきました」「漁師さんたちが高校の授業で一緒に学んできました」、そして、やっと完成した商品を今、皆さんにお届けできました、という物語には必ず価値を感じてもらえるはずです。

このように商品はモノですが、ストーリーをつけることでコトになり、モノだけの価値を超えた価値を消費者の皆さんに感じてもらえるようになります。

シェフは、糸島市で得た生産者の話や実際の体験によって、消費者に味、香りなどを感じてもらいながら、糸島の地域イメージを連想してもらうストーリーを正確に、統一的に説明してくれます。量販店・百貨店と飲食店を対照してみると、加工品は別にして、一次産品のブランド育成においては、レストランとの連携はより相性がよいと思いました。

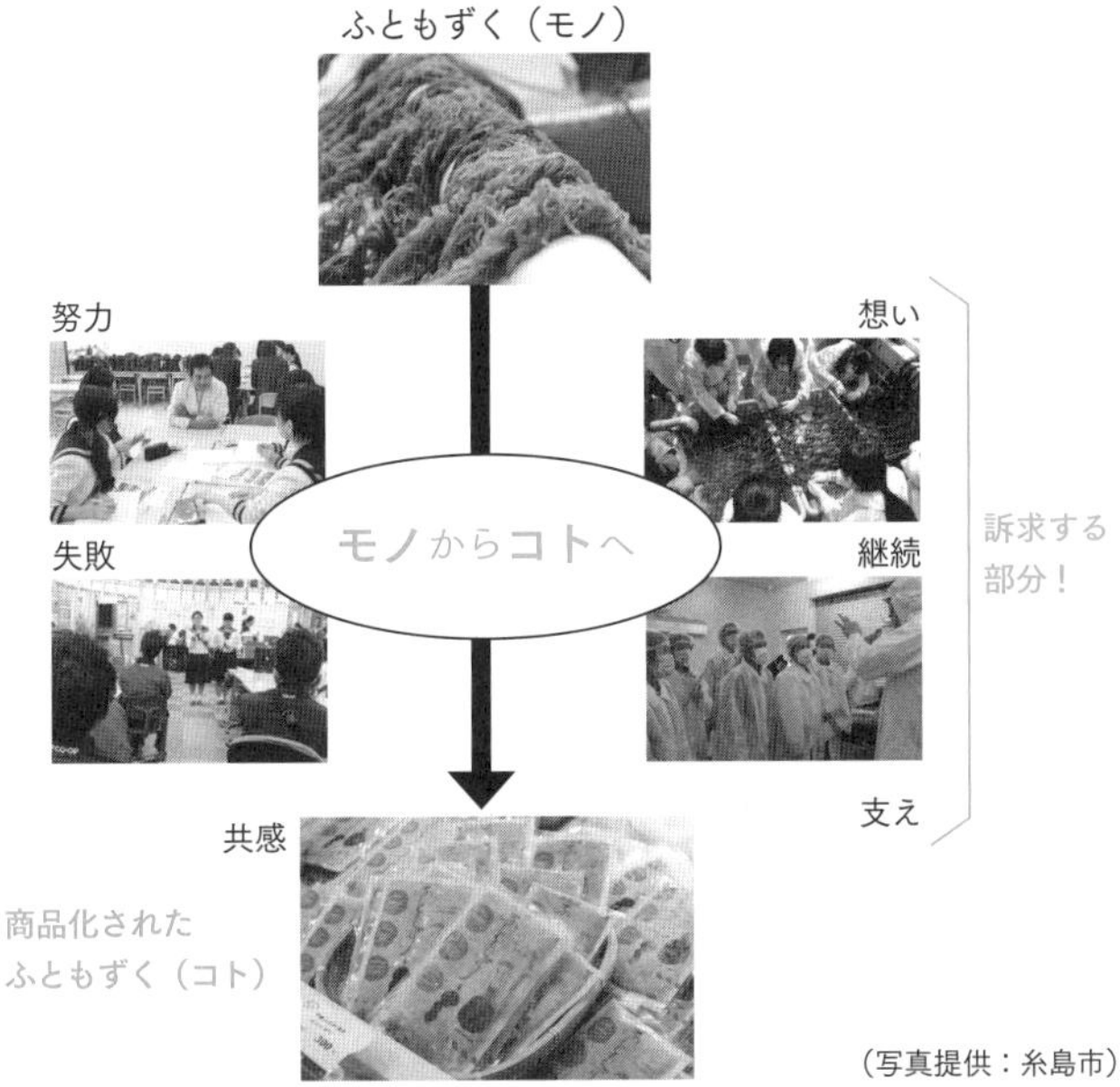

（写真提供：糸島市）

百貨店	飲食店
店頭での競合商品が多い	店内表示、メニュー等で 認知しやすい
商品背景にあるストーリーを 説明しにくい	シェフによるストーリーの 説明が可能
顧客層の年齢が高く、 口コミ効果が少ない	若い、勤労世代はSNSでの 発信効果が高い
展示会、中元などの採用が主で、 定番の採用が少ない	旬に合わせて多種の食材を 通年で使用可能
百貨店水準の商品では 事業者の偏りが出る	生産者は農協、漁協で 技術、品質を保持
百貨店の市場が低迷している	外食産業（レストラン、ホテルなど） は成長

（著者作成）

お客様との接点が本物をつくる

　よく「糸島の食材が注目されるのはなぜですか?」と聞かれます。確かに糸島は、昔から「大陸からいち早く農業の文化・技術が伝わった伊《い》都《と》国《こく》の歴史」「山と海が接近し、肥沃な土壌や玄界灘の漁場などに恵まれた自然環境」を有しています。

　しかし、時代とともに消費者の情報量は増え、嗜好も変化します。長くファンになってもらい、生産者がいいものをつくり続けるためには、直接消費者との接点を持つことも重要です。

　これまで生産者を100回以上も訪問し、気づいたことがあります。シェフに生

生産者と消費者をつなげる場・機会

産直施設
農家の名前で、消費者に選ばれる。他の生産者と競争しながら、売るための工夫、商品の特徴をPRしている。

カキ小屋
漁師が養殖したカキを直接提供。他店と競争し、お客様と会話し、差別化する方法を考え、サイドメニュー、炭焼き、殺菌方法など手間を惜しまない。

シェフ交流
生産方法、魚の神経締めなどを聞くことで、どういうものが市場で高値がついているのか、欲しがられているのか知ることができる。

▼

生産者が変わる、商品が変わる!

（写真提供：糸島市）

産者のことを知ってもらうだけなく、シェフが生産現場に来てくれることで、生産者に直接、お店で流行っているもの、使いたい野菜などを話してもらえます。集荷場に出すだけだと、消費者ニーズやクレームを生産者は聞くことができません。

それによって生産者も徐々に変わり、生産方法を工夫したり、自分でシェフのお店を訪問したり、意識も行動も変わっていきます。実際そうでした。直接意見をもらうことで品質を上げることにもつながります。

またか…

しかし自治体職員が何か新しい事業を始めると、やはり壁に当たってしまうのです。

「鮮度を落として外に出すな」「地産地消を進めているんじゃないのか」「食分野ばっかりやるな」と批判的な意見がいくつもありました。しかも「岡さん、あの人にいろいろ言われるでしょ?」と周囲にも悪い噂を流されていることも耳にします。

こうなることを知って新しいことをしない自治体職員が増えていくのかなと思ってしまい、とても残念な気持ちになります。組織内の壁を超えると、組織外の壁が訪れるので、内にも外にも支援してくれる仲間が必要なのです。単なる公務員バッシングは、自分たち

の地域にマイナスの効果をもたらし、地域の首を絞める構図になっていると思います。僕はそうなってほしくないので企画した事業を簡単にやめたりしません。元気なまちは、必ず役所の職員も元気があります。

先に述べた4つのSのとおり、戦略は選択的でなければなりません。「食」を中心に地域を発展させるべきだと思って選ぶ以上、それに反対する人は出てくるのは当然です。部分的に見えるところを切り取った意見が多く、きちんと話せば、おそらく目指す方向が一緒の人も多いはずです。これから若い人には特に、自分が考え尽くした事業を簡単にあきらめないでほしいと思っています。

イギリス政府は、人口減少、少子高齢化社会に立ち向かうため、生産性向上に関する研究を進めています。生産性向上のために最も決定的な要因はアントレプレナリズム（なんと生産性向上とアントレプレナリズムの相関は0・91）。すなわち、起業家（アントプレナー）だけでなく、組織内でもチャンスを積極的に探って、リスクをとって挑戦する人が生産性の向上に寄与するのです。

保身ではなく、まちのために失敗のリスクを恐れずに挑戦する自治体職員こそ、まちの組織や地域の生産性を上げ、人口減少に立ち向かう施策を打ち出す可能性の高い人です。

そんな職員をつぶしていくことはまちを衰退に導くのと変わりません。会社もチャレンジする社員を育てるのではないでしょうか。潜在能力がどんなにあっても、発揮できない能力は存在していないのと同じです。同じようにチャレンジする自治体職員を地域に増やしていかなければならないと思います。

出せる分は出して当たり前

「外に売るな」「観光で来てもらってお土産で買ってもらえばいい」と批判されることも多いのですが、はっきり言って観光は輸出です。人を移動させ、お土産を遠方に送り、環境に負荷をかけています。鮮度も関西なら翌日、関東なら翌々日（東京23区は翌日着）、保存、輸送技術もどんどん上がっています。それをやらないでどうやって地域経済を豊かにするのでしょうか。地産地消は経済、環境、教育などの多面的機能を持ち、とても重要な政策です。しかし余裕のある分は外に出さなければなりません。地産他消をやらず自給自足で生活をするだけで先進国にはなれないし、役割分担して得意なものは輸出すべきなのです（詳しくは「リカードの比較優位の原則」を参照）。

日本一の道の駅「川場田園プラザ」の永井社長は「地産地消の押し売りはやめろ」と言っ

ていましたが、まったくそのとおりだと思います。食べたいのは消費者で、観光客の口に合うものが違うのに、地元の舌に合わせて無理やりこれがうまいと食べさせても売れるはずがありません。その人たちに合わせたサービス開発が必要だし、糸島市に来ることができず、市外でも食べたい人がいるのであれば、「食べに来い」ではなくてなんとかしてあげるべきです。

地元外から稼がないのなら、人々は生活が貧困になるばかりで福祉も教育も水準が下がります。糸島市ではデータで見たとおり、第一次産業が圧倒的に他地域と比べ優位であり、外から稼ぐ産業なのです。外に売ることで、観光や起業、移住者や仕事を

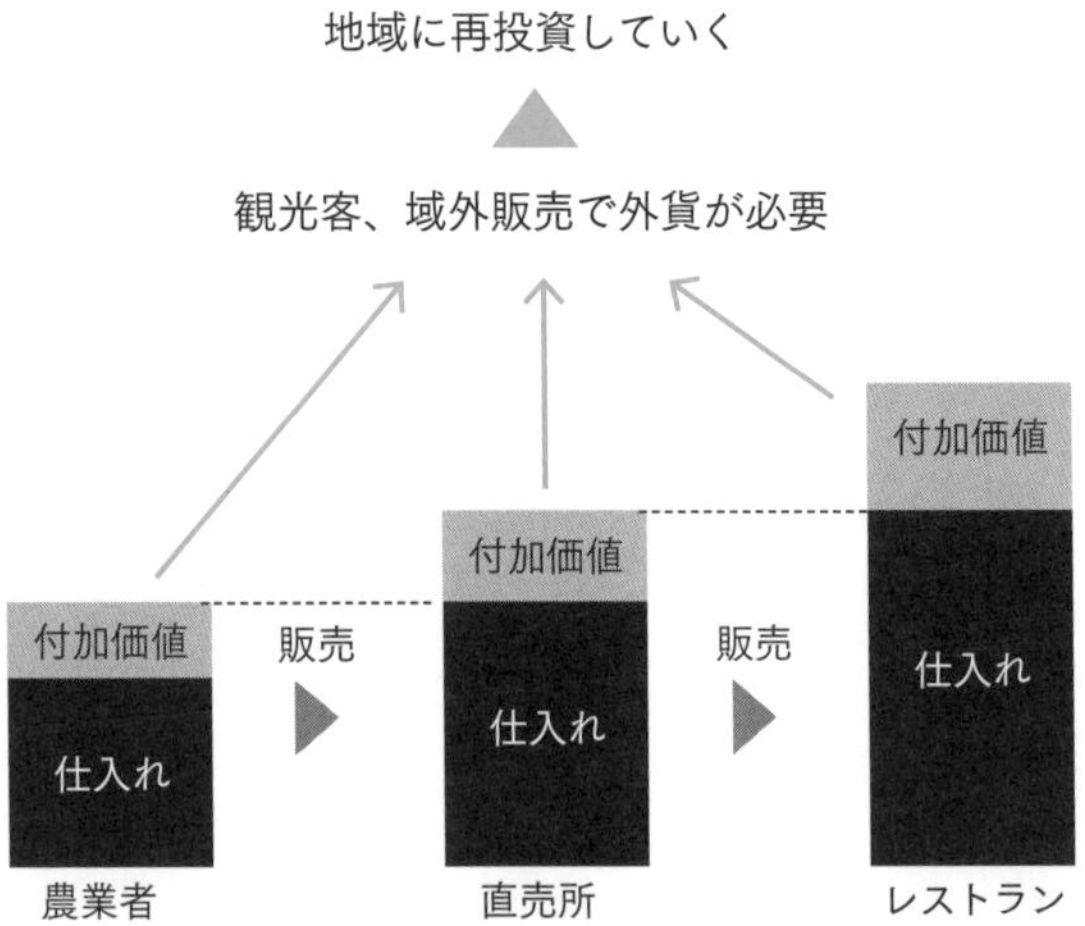

（筆者作成）

増やしていくことにつながります。

『地方消滅』（著者は岩手県知事や内閣府特命担当大臣〈地方分権改革〉などを歴任した増田寛也氏）という本が出て、国を挙げて地方創生施策が始まりました。人口減少に立ち向かう理由は、今の経済的な豊かさをいかに確保していくかです。仕事もない、福祉が立ち行かない、教育に投資できない、それらすべてにつながります。経済的な豊かさを維持するには、地域の付加価値額（儲け）を維持し、増やす必要があります。生産性＝付加価値額／労働人口だから、付加価値を増やせば、1人当たりの給料が増え、雇える人も増えます。そうすれば地域で消費する人が増えて他の産業や教育、福祉分野への波及効果があります。

人口は減っているのです。地産地消や買い支えだけで今の付加価値額を維持し、糸島市が食べていけるはずがありません。

糸島は食で売れる！

福岡都市圏の地図で農水産物の移輸出入収支額を見てみると、糸島市を除く全16市町がマイナス収支です。これは福岡市をはじめとして、すべて農産物の供給は他地域からとなっていて、糸島市だけが唯一、このエリアで移輸出産業として成立していることを示しています。福岡市の移輸出入収支額は1000億円以上もマイナス収支で、周囲から仕入れ、消費してくれているまちなのです。これで外に送らないという手はありません。

福岡都市圏の市町ではおおよそ50～300店の飲食店数を有しているのに対して、福岡市は1万店を有します。そこで糸島市が地産地消で終わらせるというのは、あまりにももったいない話です。観光客に来てもらうだけでなく、外に売ることで糸島市の地元で食材をなんでも仕入れでき、仕事の余暇を楽しめる良さを知っても

福岡都市圏における農林業産品の移輸出入収支状況（2013年）

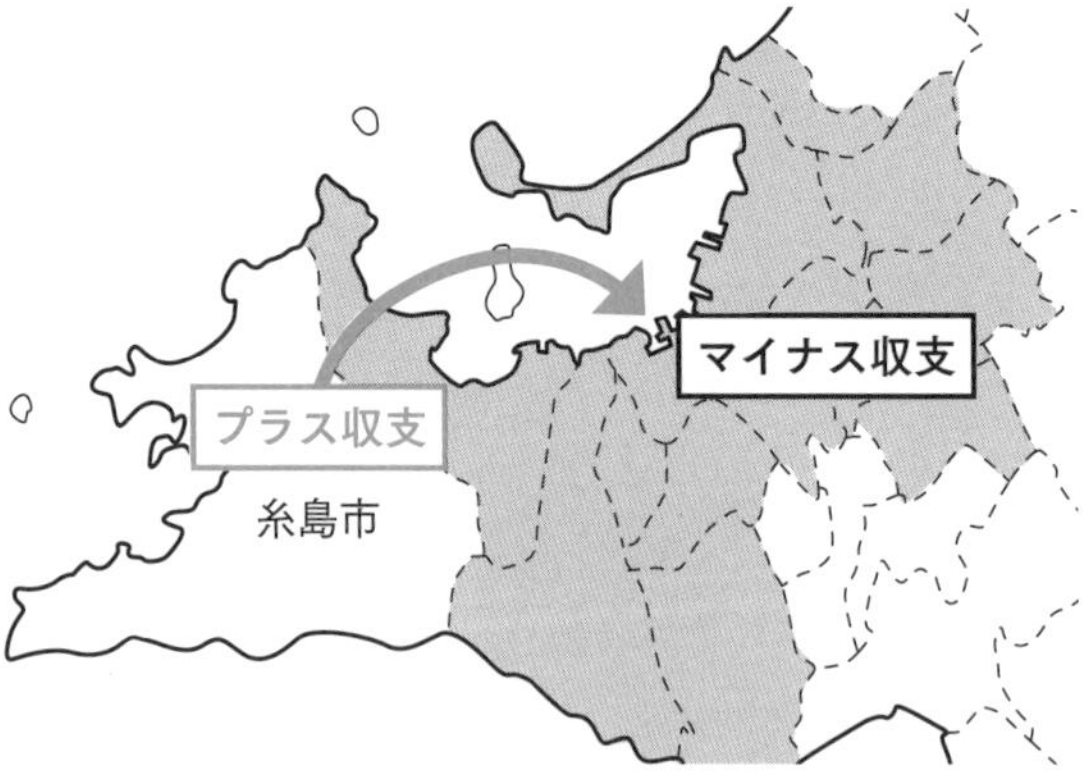

福岡都市圏17市町でプラス収支は糸島市だけ！

（RESASから筆者作成）

らうことで、さらにレストランに糸島市へ出店してもらうことにもつながります。そうすることでもっと地域にお金が落ちることになります。

国も農産物を輸出産業に育てようとして1兆円の輸出額を目指しています。もう達成も目前です。このような政治、経済の流れをしっかり捉えておくことも重要です。農漁業を稼ぐ産業にして、地産地消だけでなくさらに移輸出できる産業であるべきです。

農業が輸出産業になっているまちと、そうでないまちでは1人当たり付加価値額、つまり農業者の稼ぎが1人当たり約100万円も違います（ただし政令指定都市、災害の影響を受けたまちは外れ値として除外）。

57ページの上のグラフをもう一度見てください。世界で見ても、輸出比率が低い国は生産性（労働者当たり付加価値額）も低くなっています。農業者の人口ボーナスが働いている糸島市の農業は生産性を上げないと衰退してしまうことになるのです。

地方創生施策に困っている自治体職員は多いはずです。地域の強みを見つけたら、来てもらうほうも、売るほうも、積極的に考えていけばいいと思います。自信をもって地域のために外から稼ぐのです。

ちなみに少し統計に詳しい人になると「統計検定量をはっきり記載してください」など

と言われます。プラス収支の方が稼いでいるという棒グラフは、統計的に危険率10％水準で有意で、おおよそ90％以上の確率で稼ぎに差があると言えます。

しかし自治体職員の皆さんにはそんなことを気にかけないでほしいのです。学会や研究者に出すのではなく、実務の世界では意思決定者に判断材料を与えて決定してもらうことがグラフの目的です。90％の確率で自分が大丈夫と決めたら「100万円の違いがあります」とわかりやすく説明すればいいと思います。想像してみたらわかると思いますが、会議の場で「F検定をしたら」「P値が」みたいな話を担当者が始め出したらむしろ逆効果です。

福岡県市町村における農業者1人当たり平均付加価値額

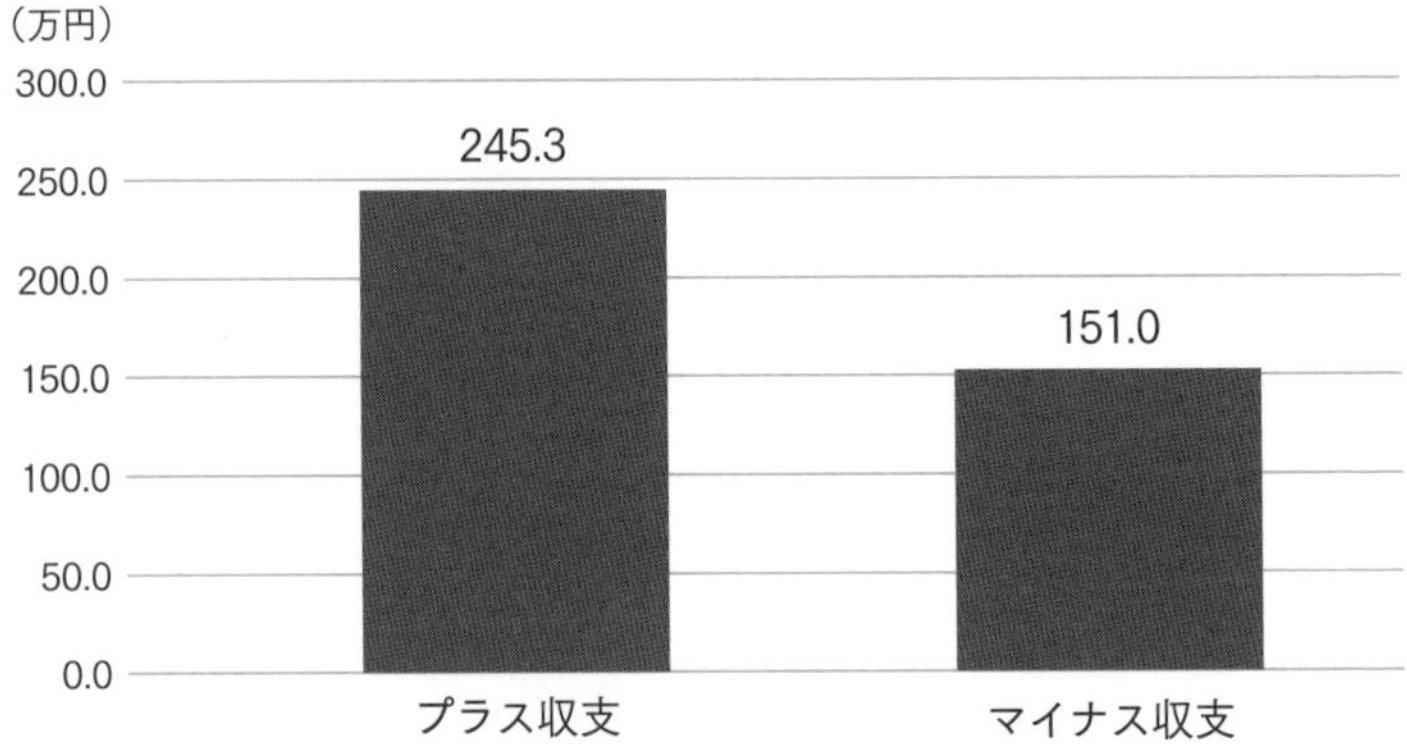

（RESASから筆者作成）

「集団を分けて平均を比較する」という手法を覚え、使うことのほうが何倍も大事。このような判断材料を提出しようとする職員を歓迎し、増やす職場にしてほしいと思います。

マーケティング戦略を立てれば指標もつくれる

戦略を立てたら、業務フローを指標化して、事業の改善に役立てることができます。政策評価でもさまざまな取組みが模索されていますが、マーケティングリサーチでは最初からうまくいかない原因を見つけて改善することを前提で、業務の各段階に指標を立てておき、実施した後でどこの数字が悪いのかを確認します。

例えばシェフを案内するとなると、次のような指標がつくれます。

相談件数は多いのになかなか糸島市まで来てくれない場合は手紙を出してみる、出店相談まで行けば出店してもらえる可能性が高まるなら、別の手に変えて効果を比較する、効果が大きければ大きく広げてプロセスを委託し効率性を上げるなど、評価、改善がしやすくなります。

ＰＤＣＡは、このようなやり方が実践的です。ぜひ地域政策に使ってほしいと思います。マーケティングなんて関係ないと思わず、自分の仕事にあてはめてみてください。税の徴収率を上げたい、検診率を上げたい、民間企業であれば営業効率を上げたいなど多分野で応用できるはずです。案内発送から一気に出店率アップを指標に設定するのではなく、案内発送は会場参加率など直接効果の高いものを設定して、各段階で効果の高いもの、ネックとなる部分に大きく予算をとって専門家に委託してみるなど考えることができます。

戦略を仲間と共有すればもっと楽しくなる

ブランド推進係も4年目になり、また新しい上司に変わり、とうとう僕は一番の古株になってしまいました。「食」戦略を共有し、「きちんと予算をとってできるよう

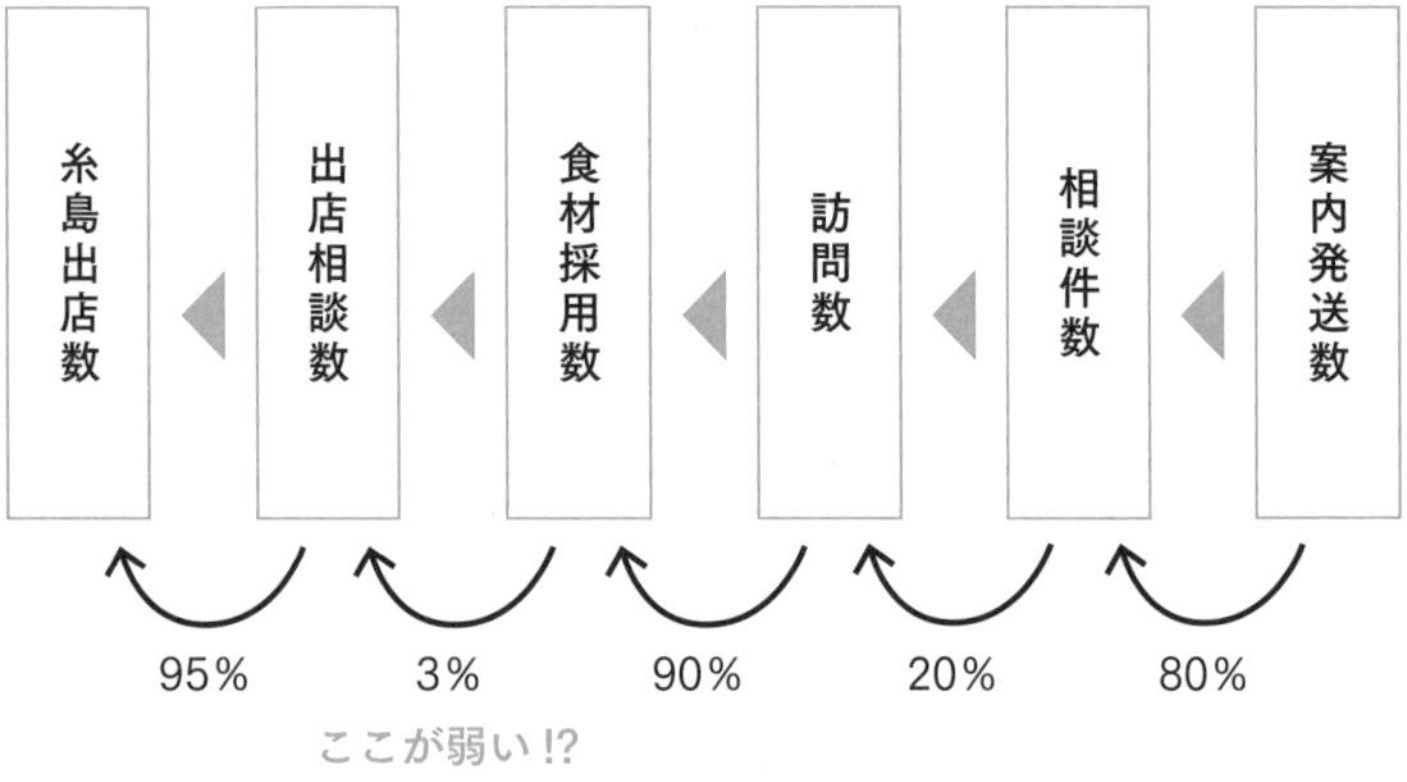

(筆者作成)

来年度の計画を立てよう。係内で時間取って考えようよ」と上司に声をかけてもらえるといった雰囲気で仕事ができています。

上司から「糸島で何かやれそうよ」とイタリア料理界の重鎮（ミシュラン3つ星シェフ）を紹介してもらい、「これから係で広げて行こうよ」とネタをもってきてくれました。目的が共有できれば、ひとりより多くの仕事をスピーディーにできるし、違う視点からの発想ももらえ、楽しくなります。

この章で紹介したように、粘り強く地域の強みを分析し、観光、起業、移住など地方創生戦略を立ててください。きっとまちの強みは見つかるはずです。戦略を立て、その目的を共有することで、利害関係者との調整も、戦略に従って「上位目標」で合意形成を図りやすくなります。楽しい仕事をいくつも創り出してほしいと願います。

いますが、2018 年は回復しています。何か手を打てば観光客を呼び戻せたのかもしれません。一概に地震の影響だけと言い切れなくなります。

隣接３自治体の平均観光入込客数の推移

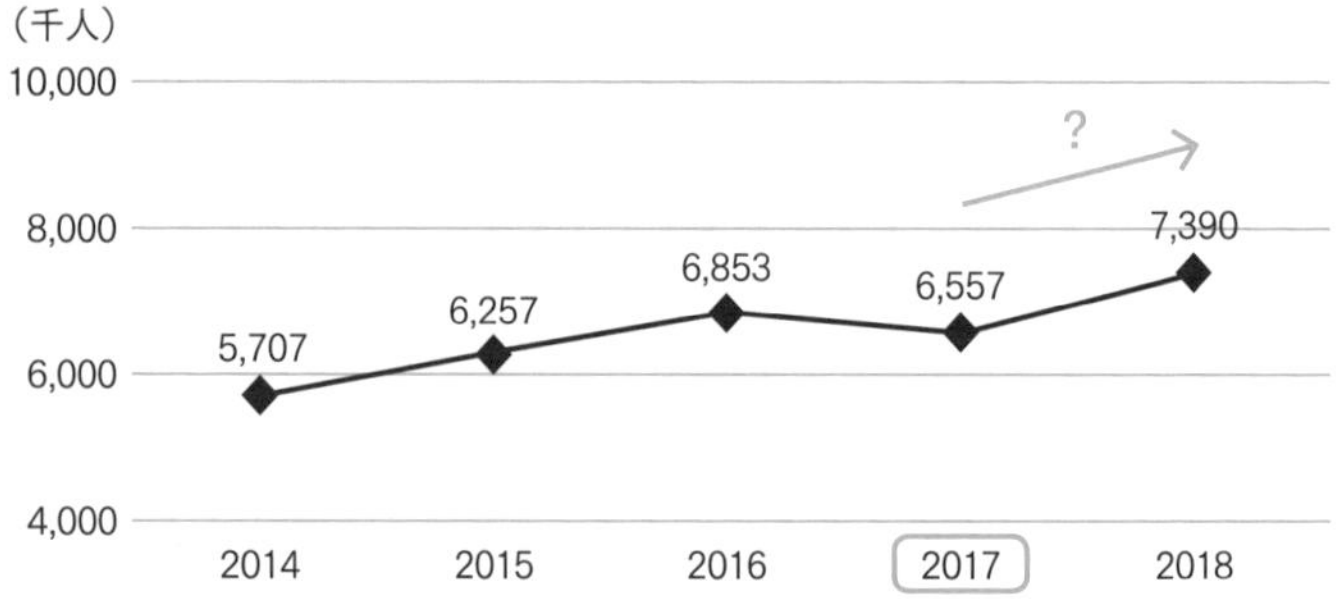

●比較するときのテクニック

実務では、多くの対象を比較することは時間や労力がかかり大変です。そんなときには「平均値」「上位３つ」「類似のみ」などと比較してみると楽になります。

この場合も「県内の平均」「観光客の多い上位３つ」「別の地域で地震にあったまちのデータ」など少し工夫するだけで比較が可能になります。

産業分野だけに限らず、仕事の中で、折れ線（時系列）グラフを作ったり、見たりする機会は少なくないと思います。そのときに「別の折れ線グラフと比較してみよう」と考えてみましょう。

施策の効果を説明できたり、うまくいっているまちを参考にしたり、思考の流れを変えることができるかもしれません。

MBAミニ講座④

折れ線グラフは「比較」することでトレンドが見える！

●折れ線（時系列）グラフは比較する

折れ線グラフは、よく時系列でトレンドを見るときに使います。さらに一歩進めて、2つの折れ線グラフを並べることで、もっと深く分析することができます。

例えば、次のグラフを見せられて「2017年から観光客が減った原因は地震のせいです」と説明されました。本当にそうでしょうか？　地震の影響かどうか検証するために、何かのデータと比較してみてください。

同じように地震の影響を受けそうな近くのまちと比較してみます。

例ですが、グラフは隣接する複数自治体の平均観光入込客数を入れてみました。すると、確かに2017年は観光客が減って

生産のこだわりと他との違いをシェフに説明する農家
（写真提供：糸島市）

第5章

地方創生の鍵は民間モデルをつくること

～公民連携モデルのつくり方

これからのまちは多様性が大事だ

僕が市外の高校と連携したことで多くの批判も受けたと書きましたが、**田舎に行くと、地元意識が強すぎて、結果的に外を排除しようという思考に陥ってしまう傾向があります。**どこのまちに行っても、市外の高校との連携は反発が必至で決断できないと相談を受けます。

しかしこれから発展していくまちは、**外にファンをつくらないといけない。だって地元の人口は減るんだから。**外のパートナーが増えるということはそれだけ自分たちの持つ資源が増えるということ。知識、技術、情報、お金などさまざまなものが外に広がります。そのとき身内で固まって、周りにネットワークをたくさん持つ自治体が多い状況になれば糸島市は手遅れです。民間企業で考えても同様のことが言えます。実際、糸島市内の事業者も県外の会社と多分に取引きしています。

糸島市が発展している要因のひとつは移住者やUターンが多く、その人たちが地域でこれまで糸島市になかったような活動を起こしていることが大きいと思っています。一方でまだまだ多様性を受け入れない体質が多いことにも危機感を感じます。

社会学者のリチャード・フロリダは、デトロイトやピッツバーグなど産業が衰退したまちと発展してきたまちの違いを研究しました。発展するまちには、先ほど移住者が**これまで糸島市にない活動を興した**と書いたように新しいことを生み出すイノベーションが重要であり、そのためにはダイバーシティ（多様性）が必要だと証明しています。そして、**その多様性を取り入れるためには寛容性が重要。**郷に入っては郷に従えという言葉もありますが、伝統も残しつつ、地域や団体が環境変化に適応するための多様性が失われないよう、外の人たちを受け入れていく姿勢が必要だと思います。

だから市職員として、民間連携で政策をつくっていくことは地方創生の鍵になる。僕がどのように民間連携をつくってきたか実例を通して紹介します。**公務員だけではなく、民間企業側、地域住民にとっても参考になると思います。**

政策モデルもビジネスモデル

ベンチャー業界では、テクノロジーとイノベーションを組み合わせたテクノベートと呼ばれる技術ベースからスタートアップする企業が多くなりました。ただし、どんな素晴らしい技術を持っていても、お金を稼ぐ仕組みにしなければ意味がありません。**この人、モ**

ノ、金などをグルグル回して持続的に稼ぐ仕組みをビジネスモデルといいます。ビジネスモデルはいくつかパターンが決まっていて、皆さんも普段知らないうちにビジネスモデルの仕組みの中で動いています。例えば、お店で直接モノを買う物販モデル、消費者は無料でサービスを利用し、広告収入で運営されるモデル、コンビニのようにライセンス料で運営するモデルなど直接消費者からお金をもらう以外にも色々な仕組みでお金を稼ぐモデルが存在しています。

日経ビジネス「次代を創る100人」(2016年)のトップに選ばれ、あの映画「バック・トゥ・ザ・フューチャー」に出てきたタイムマシン「デロリアン」の現物を所有している日本環境設計の岩元美智彦会長をご存知でしょうか。映画に出てきた生ごみで動くタイムマシンを現実にした人です。おもちゃ、洋服などの廃棄物からバイオ燃料をつくる技術を開発し、世界中の政府、企業が注目しており、日本でもすでに車どころか、飛行機にまで使われるようになりました。このような世界唯一の技術をもって競争的な優位性を築いているにも関わらず、このビジネスでそれよりもっと成功の肝だったのは、お客様が自分たちのビジネスに一緒に関わってくれる、すなわち原材料を直接提供してもらうという消費者参加型のビジネスモデルをつくれたことだったとご本人がおっしゃっていました。原料である不要になった洋服などを持ち込む場所を洋服店や眼鏡店などいろいろなお店や企業にすることで、お店にもお客様が訪れ、持ち込み場所として提携した企業もこのビジネスに巻き込んでいくことができるようになります。このように人、モノ、金、情報といった価値を循環して広げていくことがビジネスモデルの大事な考え方になります。

「技術だけではなく、ビジネスモデルが肝」。**これにはまさに調整を得意とする自治体の仕事が重要です。**政策を考えるというのは地域内外の資源を使って、予算をどう使って組み立てるかというビジネスモデルをつくることに似ています。政策がうまくいく、継続する肝となるのです。

世界初のAIによる移住エリア提案システム

「人、モノ、金をグルグル回す」という視点を持つと、政策の持続性を高め、新しいアイデアを生み出しやすくなります。その事例の一つとして、九州大学学術研究・産学官連携本部に出向していたときに関わったモデルを紹介します。具体的には、糸島市、九州大学マス・フォア・インダストリ研究所、富士通研究所で取り組んだ**AI（人工知能）を使った移住マッチングシステム**です。優れたIT活用事例を表彰する「IT Japan Award

2017」（主催：日経コンピュータ）でも特別賞を受賞しました。

これは、移住希望者の住みたい条件、例えば、買い物する場所が欲しい、保育園が欲しい、公園が欲しいなどの優先順位に応じて、その人の満足度が最も高まるように、AIがおすすめ地域を提案してくれるものです。さらに、人間の好みを徐々に学習して成長するAIは、使えば使うほど、より精度が高まり、地方への移住希望者と移住候補地を適切にマッチングしてくれるようになります。移住相談が増加している糸島市ですが、移住希望者が移住先を検討する際に、地域に密着した情報が得られにくいことから、移住後の満足度が低下する

■移住者が自らの属性を入力

●デモグラフィック属性：
年齢・性別・家族構成・職業

●サイコグラフィック属性
インドア／アウトドア、外向的／内向的 etc.

ケースがみられていました。そこでＡＩが移住希望者の好みを数学的に計算し、ピックアップした移住候補地の施設や行事などの情報を提供し、さらにその地域の評価を繰り返しＡＩが学習して、また次の移住希望者と移住先のマッチングを支援するという、世界でも類を見ない取組みとなっています。

九州大学には企業が出資し、学内に部門をつくって、専属の研究者らを雇用したり、会社から直接研究員として出向させる制度があります。その制度を活用して、富士通研究所が部門をつくり、九州大学の一機関として研究をしていました。彼らは「数学を使って社会課題を解決する」という面白

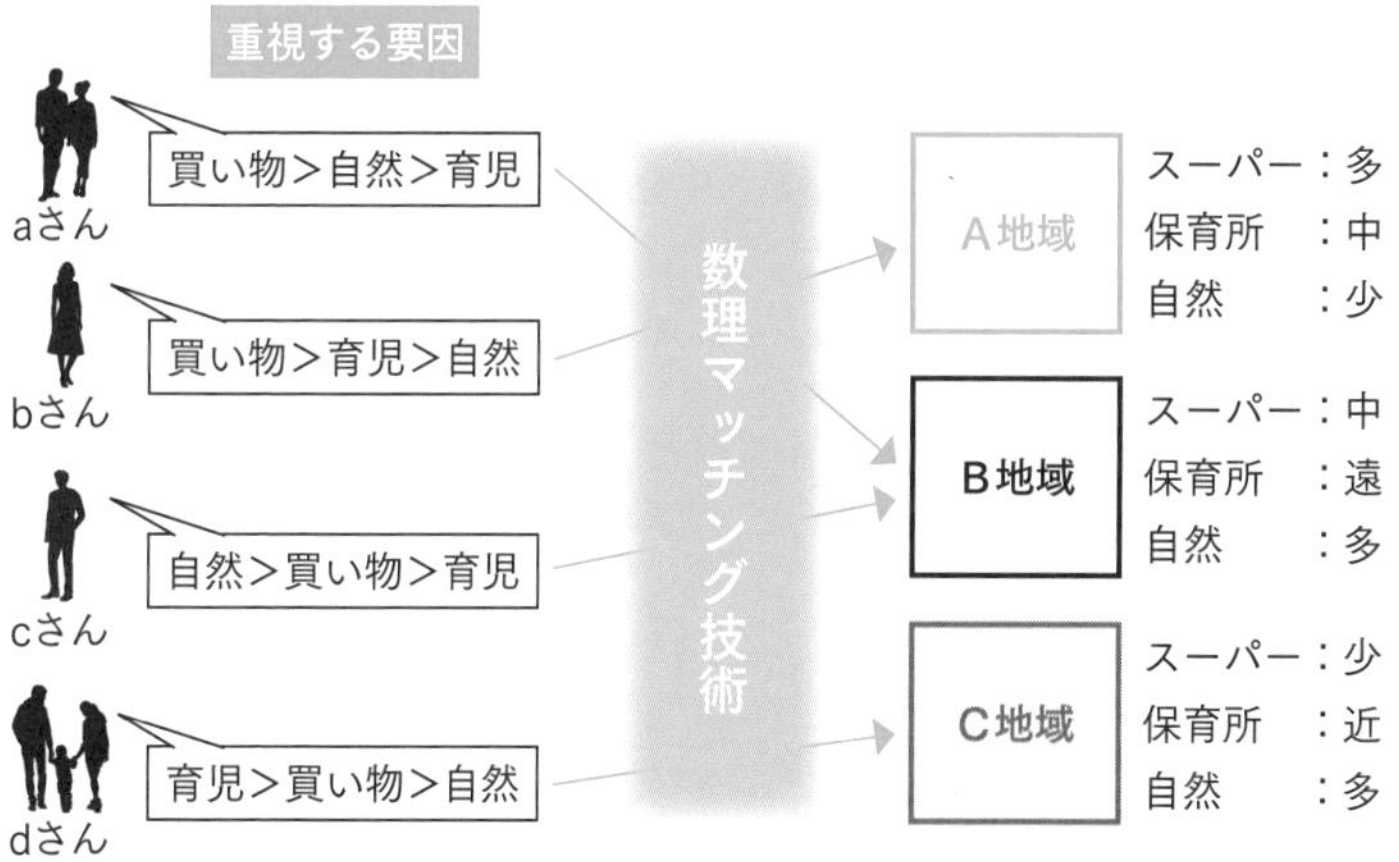

一度に登録した複数の移住希望者を、一番適した形でマッチング。
→移住希望者・移住地域、双方の満足度を最大化。

いことをやっていましたが、出発点となる社会問題を見つけ、かつ、フィールド実証していくために協力してくれる自治体が必要になります。

この制度で九州大学にちょうど富士通研究所が入っていたことが発端で、偶然、九州大学に出向していた僕にも企業のニーズを聞かせてもらう機会があり、糸島市の橋渡し役にならせてもらうことができました。このときビジネススクールの学生でもあり、研究の最中でしたが、ちょうどビジネスモデルの考え方を応用できることに気づいたのです。

仮に九州大学と糸島市の一対一で考えると、糸島市が研究費を負担し、九州大学が代わりに知識・技術を提供するという流れで終わってしまいます。実際に、糸島市が連携している研究は、ほとんどがそのパターンでした。これだと技術ベース、例えば企業が販売するようなシステムが研究成果として挙がってきても、市が製品化して販売者となる訳にはいかず、結局、研究報告書の紙だけが残ってしまいます。大学は論文ができればよくても、市はそれでは成果が生まれません。

そこで富士通研究所に入ってもらうことで、企業が研究費を負担し、一度九州大学に流れた研究費を通じて糸島市に技術などを流してもらうことを考えました。糸島市はフィールドや人などの資産を九州大学に提供することで、大学は企業に実証フィールドを提供でき、論文を書くことができますし、企業はより市場化に近い研究成果が返ってきますし、市は企業のお金や製品・サービスが還元、つまり研究費なしで社会課題の解決に役立つ研究成果まで活用できるのでいうことありません。

このような考え方を持っていると、もし、大学から同様の研究のお話が来た場合に、市が直接費用負担するよりも、意図的に企業を巻き込むというアイデアが浮かぶと思います。できた研究成果はどちらにしても社会に還元されていくので、最初から実装してくれる企業が入っていたほうが、将来的にもメリットが大きいことは間違いありません。この場合は、外からお金を引っ張るという前提が出来ているので、あとはそれをどう回すか。お金の対価に、情報や人をグルグル回せばいいという発想で、すぐに糸島市の担当課に課題を挙げてもらうことになりました。

連携モデルをつくるには仲間が必要

糸島市の移住担当部署に相談すると、糸島市で大学、企業と3者の会議を開いてもらえることになりました。一通り大学と企業からの説明の後、意見交換をして2回目の会議も決めてもらい、糸島市から課題をいくつか挙げてもらうことになりました。**無理に2回目**

の会議を開くのもよくありませんが、もう少し深く話せば双方メリットが出るかもしれないようなときは「2回目の会議日程とやることを決めておく」というのも実現に向けてのポイントの一つだと思います。「また何かあれば」くらいだとおそらく何もありません。

そして課題をまとめたものを提出してもらい、2回目の会議が開かれました。このときも考えたのですが、僕のような出向者が外から持ち込んだ案件があった場合、自治体では「忙しいから話聞くだけなら」といった雰囲気、「あそこの部署の事業だと合うかもね」といった芳しくない反応が返ってくることも多いのではないでしょうか。持ち込み案件を担当課に相談して、こんなに迅速に課題をまとめてくれること自体が糸島市の組織力や元気のよさだと感じました。しかも実装しやすいように自課の所管に関係するものを重点的にまとめてあったのです。

その後、九州大学、富士通研究所に見てもらうと、市の行動に応えるように、短い時間で交通弱者対策と移住対策の2つも事業提案してもらいました。最終的には交通対策は法的規制によるハードルが高いことや、糸島市の移住担当部署が新しく立ち上がるなど力を入れていた分野であったタイミングもあり、今回の移住AIマッチングシステムが選ばれました。

スキルとして三者の資源をグルグル回すことで産学官の連携モデルをつくる視点を持ってもらいたいことはありますが、実現するためには組織内の仲間が大事です。連携モデルは利害関係者が増えるため、動いてくれる仲間がいなければ実現しません。今回の事例でも成果をあまり考えず実現させるだけなら、大学と市だけで研究したほうが話が決まりやすいことは実感してもらえると思います。

また、市内部で市長との協議を進めてくれたり、研究が決まったときの面談の機会を早急に入れてくれたりと、自分にはできないことを担ってもらわなければ一つの事業は実現していきません。実はこの話を持ち込んだとき所管課で話を聞いてくれた職員は、僕が入庁時からずっと仕事も、飲み会も、釣りにも一緒に行くような公私ともに指導を受けた先輩でした。

仲間をつくるには年数も必要になりますが、与えられた時間は他の人と同じで、だからこそ若いうちから面倒と思わず、仲間との楽しい時間をつくってほしいと願います。それはあなたの財産であり、他の人にないあなたのスキルです。

連携モデルのポイントは本業メリット

この連携モデルでは、糸島市は、移住者や地元の区長さんたちへのインタビューの手配をして同行したり、窓口の転出入のアンケート実施や保有データを提供したり、労力も必要になります。一方で、富士通研究所は研究費や技術、人員を割き、九州大学は研究設備、知識、調整業務などのコストも当然発生します。

地方創生のかけ声のもと、産学官連携モデルをつくろうとする地域は多いはずですが、ポイントはお金を生み出すビジネスを第一に考えるということです。自治体職員の思考では、CSR（社会貢献）の一環で企業に協力を求めがちですが、社会貢献はビジネスの次です。**企業は、お金を稼げる前提がなければ、参画は難しいですし、せっかく始めるプロジェクトは持続可能なものになりません。お金を出してもらうのですから、一緒に企業が儲かる仕組みを考えてあげるという考え方にならなければならないと思います。**富士通研究所とはこのシステムを製品化できる体制をつくったり、できた製品を全国に展開したり、この製品から得られたデータを他製品に応用したりと、稼ぐための視点を一緒に持つことが大事でした。大学も研究が継続し、成果が世に出ることで論文や学校自体の評価も上がります。当然、糸島市も直接的な予算をかけることなく、大学や企業の力を借りて社会課題の解決を実現できるかもしれないといったWin-Winの関係になっています。

このシステムには私も驚きましたが、移住者の心理を数学モデル、簡単にいうと方程式で表すような仕組みで「私は子育てに最適な自然環境と交通利便性が一番で、買い物する店は少し離れてもいいな」とパソコンで打ち込んだり、話して音声認識させるだけで「あなたにぴったりの場所は、ここですよ」と人と会話しているような案内までしてくれます。

糸島市のホームページで利用者に公開募集をかけて試作まで行きましたが、システムの精度が最初はどうしても低いこと、まだランニングコストが高額になってしまうことなどの理由で残念ながら糸島市での実用化は見送りとなりましたが、いつか社会実装してもらいたいと思っています。

ふれあいラボ開設の発端

同じように、九州大学の出向時に誕生した産学官政策モデルの事例を紹介します。

糸島市の施設である健康福祉センター内に「健康」「医療」「介護」に関する研究所である九州大学ヘルスケアシステムラボ糸島、通称「ふれあいラボ」が入居しています。世界最先端の研究から生まれた「歩行アシストスーツ」や心臓マッサージのうまさを採点してくれる「しんのすけくん」、歩行バランス計、床擦れ予防マット、フレイル（虚弱）対策ゲーム「フラミンゴ」など、展示・体験コーナーが盛りだくさんです。糸島市民は、子どもから高齢者まで、自由に見学・体験ができます。

このラボができた経緯は、もともと九州大学とヘルスケア製品の実用化を研究している住友理工の一対一での共同研究が発端です。糸島市は、九州大学との包括連携協定に基づき、この研究に対して、被験者の募集、場所の協力などを行っていました。

しかし僕が九州大学に出向し、この業務を引き継いだとき、これまでと同じように研究の協力を市担当者に電話すると「研究の協力があまりに多いと受けきれなくなる」と相談され、出口がない状態になってしまいました。市職員も多忙な日常業務に追われ、人手が

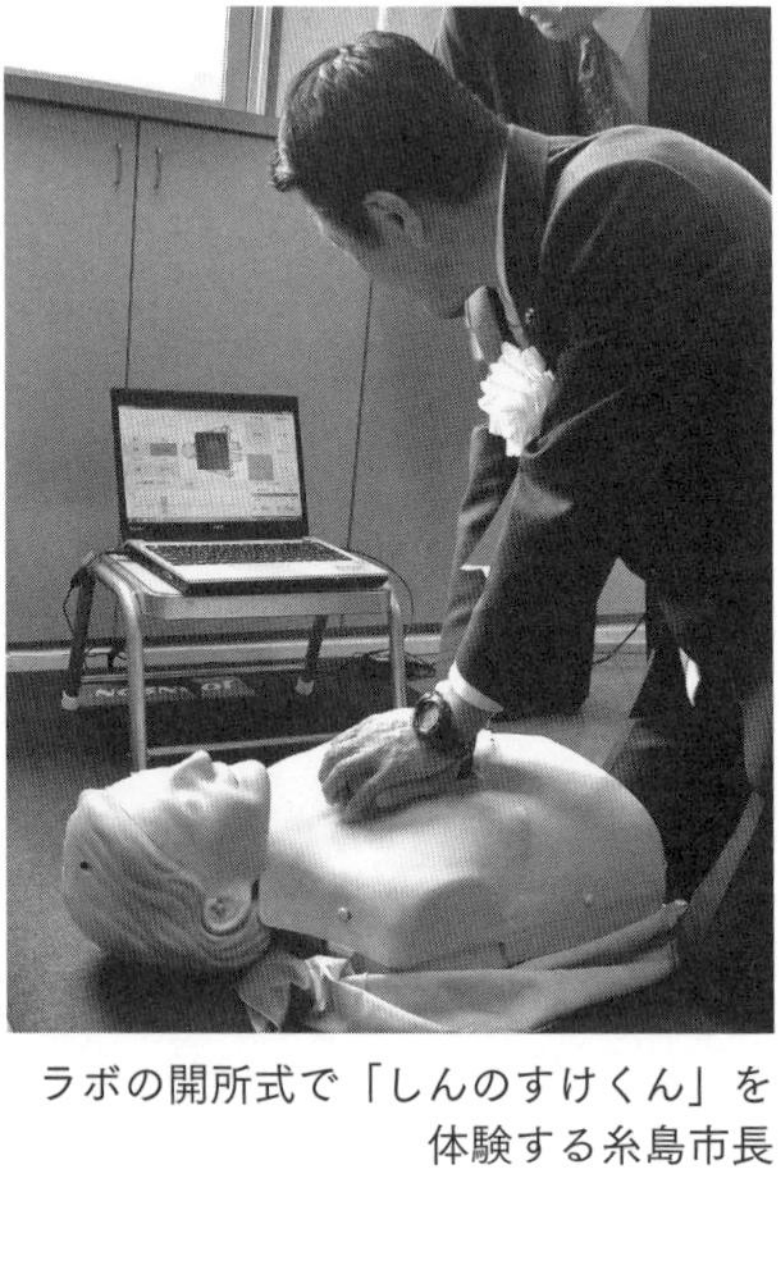

ラボの開所式で「しんのすけくん」を体験する糸島市長

足りなかったり、市側のメリットも感じられない状態に我慢の限界が来ていたのです。僕もまさか断られるとは思っておらず、糸島市から九州大学にもさまざまな依頼をしていることもあって、大学に「これ以上研究の協力はできません」とは言えず困っていました。

悩んだ末「市の代わりに協力してくれそうな社会福祉協議会に相談してみるか！」と電話をかけようとした途端、「岡さん、糸島市から電話です」と受話器を取ると、「大丈夫～？「ん？」実は僕が断られた電話を隣の部署で聞いていた上司が心配して、九州大学の事務所に電話をくれたのです。「話を聞いてたけど、これまでの経緯や市と大学の関係もあるから困ってるやろ？　私から協力してくれそうな団体に声をかけてみようか」と助け船を出してくれました。

政策モデルを考えることに

それから今後の取組みをきちんと双方話し合ったほうがよいということで、助けてくれた上司の部署で窓口になってもらい、大学、企業との話し合いの場を設定してもらうことになりました。大学と企業は実証研究によって研究成果を出し、製品化をしたいという希望があります。しかし糸島市は、実証フィールドの協力をして研究論文や製品ができても、

何もメリットが残らないまま研究が終わってしまい、一方で協力した担当部署や地域の人たちの負担が大きいことに課題を抱えていました。

糸島市も、まだ九州大学との連携は始まったばかりで大学との共同研究のノウハウも蓄積されておらず。なかなかいい案が見つかりませんでした。その会議の場で、たまたま九州大学の共同研究コーディネーターとして出向していた私に白羽の矢が立ち、三方良しとなる仕組みを考えてほしいということになったのです。投げられたボールは重いですが、大学側の職員として、またコンサルタントのように解決策を提案させてもらえる機会をもらえてワクワクしました。

ここでもビジネスモデルの考え方が役に立ったのです。糸島市、九州大学、住友理工の三者でこの仕組みを考える、つまり、人やモノ、金、情報という資産を有効活用しながら、それぞれにメリットが回ってくる三者のWin-Winになる仕組みを考えます。

糸島市にとっては企業が糸島市に流れてくる、つまり企業誘致につながればうれしいことではありますが、なかなか本社工場や研究所を移転するといった判断にはなりません。しかし一方で、住友理工が健康介護分野へ新規に市場参入していくためには、新しい業界の文化や消費者に近い地域に適応していかなければなりません（70ページの「マルチ・ドメスティック」戦略です）。この「現地適応化」という手法も組み合わせて考えると、今後、この新規参入分野における現地法人をつくったり、その地域の卸売業、労働者との関係を構築していく必要があるため、この部分は九州大学に近い糸島市エリアでネットワークを構築していくことで企業の稼ぐという視点に立って協力できると思ったのです。

このような考えを巡らせながら、糸島市の状況も考えてみると、市町合併による施設の統廃合により、既存施設の有効活用を考えなければならない時期でした。ちょうどこのタイミングで糸島市健康福祉センターの空き室を有効活用しなければならな

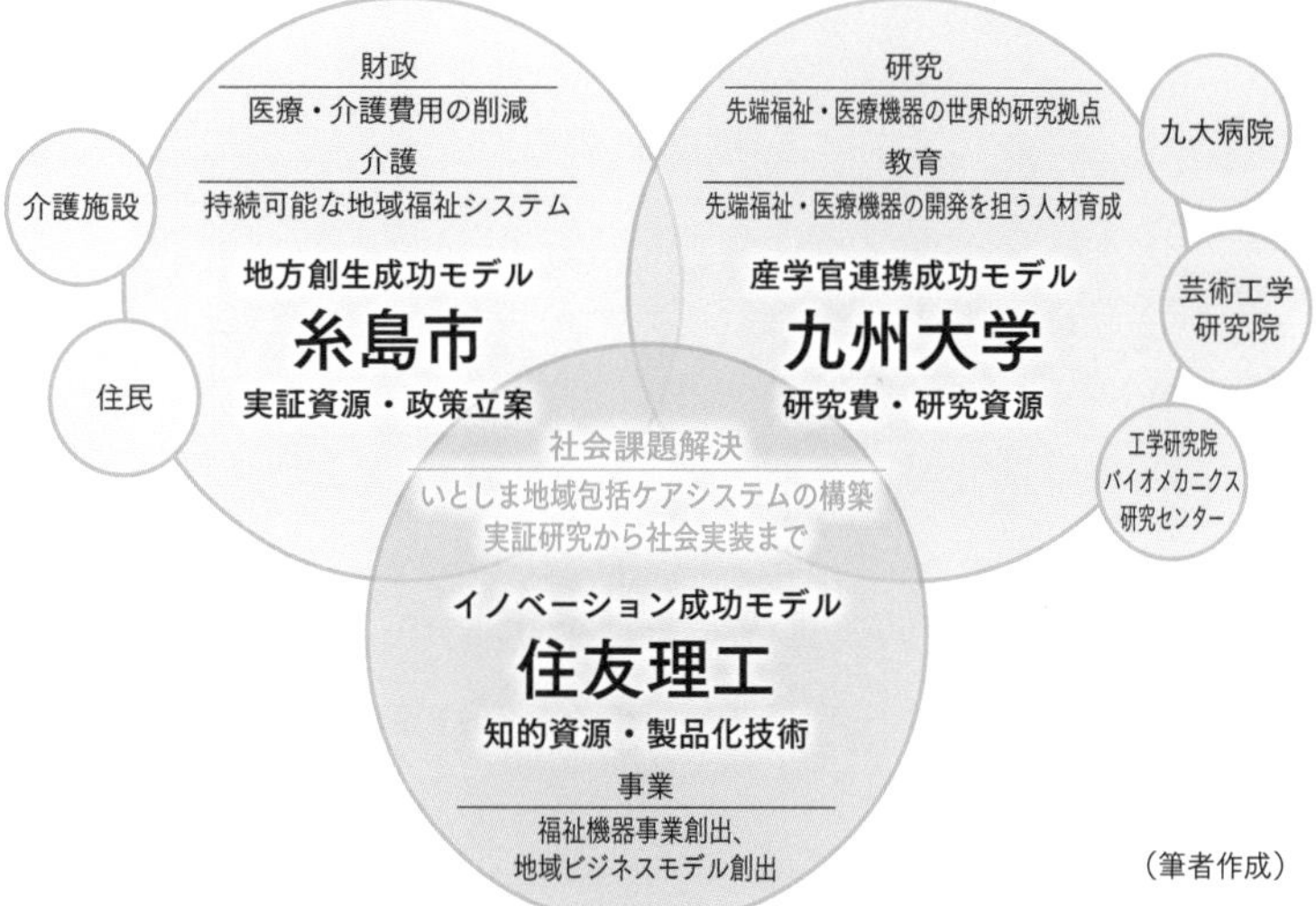

（筆者作成）

かったのです。この部屋だけでなく、実証に協力してくれる市民、福祉関連事業者などのネットワークを糸島市からの資産として企業や大学に提案することで、企業側は会社を設立する必要もなく、部屋の簡易な改修程度でコストをかけず、糸島市に来やすくなると思いました。

まずお金は、もともと必要だった企業の研究費で回り、現地の人員は大学と企業で回してもらい、モノ（箱）は糸島市で準備。すると、研究に必要な情報提供、病院や福祉施設、部品企業などの関連機関との連携が市でとてもやりやすくなります。ラボでは体験を通じて測定した結果に基づいたフィードバックがあり、高齢者も楽しく介護予防ができます。子どもたちは、最先端のものづくり、ロボットを見て関心と夢を持つことにもつながります。糸島市にとっては部屋を有効活用でき、企業社員に移住してもらうなど、経済波及効果もあります。また国内の企業に留まらず、海外からの視察もあり、取材も多く知名度向上にも役立っています。

企業ももちろん市民の協力による実証研究、病院や福祉施設などの関係機関、社会実装に向けたデータの収集やマーケティングのデータが手に入りますし、より製品化しやすくなります。九州大学は研究が進み、研究費もさることながら、大学の近くに実証研究所を

持つことができ、複数教員がそこでの研究に関与することができ、多くのメリットがあります。

これを九州大学内で協議して了承を得た後、糸島市、住友理工にも提案しました。

糸島市の担当課長から返ってきた答えは「ありがとう。おかげで動きやすくなった」という言葉でした。そして、三者協定が締結でき、無事、2016年4月にラボがオープンすることになりました。

やはり組織内外の仲間が必要

この事業も簡単に立ったように見えますが、実際は立ち上げる前もその後も多くの困難がありました。実は僕の大学出向と同時に、企業側で異動してきた担当部長も、最初は**「なぜわざわざ名古屋から福岡まで来て研究しないといけないのか。すぐに撤収したほうがいいんじゃないか」と考えて来たそうです。**「最初は消極的な意見が多かったですね」と、後にご本人と飲みながら笑って話したことですが、糸島市に来てガラッと考えが変わったとのこと。これだけの研究、製品化のネットワークと同じものを名古屋に戻ってゼロから立ちあげることは難しいと感じたそうです。**新しいことにチャレンジするこの分野のフロ**

ンティアとして、イノベーションを起こし先陣を切る研究をして、多くの企業が参画してくるような場所にしていかなければならないと想いを持ってくれました。

三者協定を結ぶとなると企業に対するメリットをはっきりしなければなりませんし、いくら部屋を借りて移転リスクは低いといっても、糸島市に派遣する人事異動をはじめ、研究部署だけでなく多くの部署の調整が必要になります。彼にはそれから本社役員との橋渡しや企業を動かすことに動いてもらいましたが、東証一部上場企業のような大きな組織内で相当の苦難があったと察します。

同様に糸島市内部でも介護分野の係長（当時）が課長や部長を説得し、名古屋まで面談に行ってくれたり、かなりの多忙な中、連携協定に向けて動いてくれたりしたのです。僕のような平職員の仲介でも信頼して九州大学の調整を任せてくれました。

どうやって企画を実現するか聞かれますが、実際にはこのほかにも提案し、採用されなかったものもたくさんあります。実現したときを振り返るといつも組織の内と外に仲間がいてくれます。自分ひとりでは絶対にできません。

グルグル回す、仲間に頼る、本業で貢献する

産学官の政策モデルをつくりたいと考えるときは、企業から大学に行く研究費の「お金の流れを止めない」で、数％を市内の高齢者に回してみると考えたり、関わる人たちの得意分野（知識・技術）を地域の学生や子どもたちに還元してもらったりするといった思考ができるとモデルをつくるのが楽しくなります。**つまり「入ってきた人、モノ、金、情報を次に流す」という視点を持つだけで、さまざまな政策に応用できます。**

次に、**仲間を頼る**ということです。先の事例でも僕が外から市や企業に話を持ちかけた場合に、それぞれの組織で協力に動いてもらう人が必要になりました。そんなキーマンたちと共感しながら仕事を進めていかなければなりません。

そして、３つ目が**本業メリットを考える**ことです。SDGs（持続可能な開発目標）が大きく取り上げられている昨今、社会貢献として企業に協力を求めがちですが、それだけだとどうしても長続きしません。このSDGsは、企業の持続可能な社会づくりに対する取組みが、結果的に本業に利益をもたらす仕組みになるという「共創価値」の意味合いも含まれているのですが、そちらはあまり取り上げられません。日本環境設計の岩元会長のビジネスがまさにそうであったように、地下資源を使わず、すでにある服やプラスチックなどの地上資源を燃料に循環させることで会社の利益に通じるといった社会で価値が共創されていくのです。

これは企業だけの話ではなく、市側ののメリットに悩んでいた福祉の実証実験の協力の話もそうでしたが、営利ではない自治体でさえ本業のメリットがなければ続かなくなってしまうのです。

「グルグル回す」「仲間に頼る」「本業で貢献する」といった3つの視点は落とさないように仕組みを考えていきましょう。

自治体職員は待っていたら損！　政策チャンスが待っている！

地方の市役所にいて、たまたま全国の大学や企業と仕事ができる機会が舞い込んだだけと思われるかもしれませんが、**運だけではない**と思います。**地方自治体は、地域ではおそらく一、二を競う大きな組織。人口約10万人の糸島市でさえ、一般会計、上下水道など、すべての会計を入れると600億円以上の予算規模です。東証一部上場の企業の売上規模をぜひ調べてみてください。糸島市の規模でも中間くらいに位置しています。**

予算規模が大きいということは、それだけ仕事の範囲や量が増える、つまり、多くの市民、企業などとの接点や関係が増えるはずです。自治体職員は、地域の中で見ると、ずっと多くの人と出会い、外にも人脈を持っています。

予算の規模はお客様との接点の大きさ。これだけ地域の中で大きな組織にいる自治体職員は、ワクワクする仕事ができる機会に満ち溢れているのです。このときも市役所だったからこそ、東京や名古屋の大企業との情報交換の場が舞い込んできました。自治体職員には平等に政策チャンスが待っています。そして、掴むかどうかは自分次第です。

予防接種を広めた細菌学の父・パスツールが、「チャンスは心構えのできた精神に味方する」と言ったように、チャンスを活かせるよう普段から自分の仕事に課題意識を持ち、情報アンテナを張っておくようにします。

大きな会社に出資を頼んで会社を立ち上げたり、仲間を地域に増やしたり、自治体職員ってなんて楽しい仕事かと思います。それに公務員が持つ「最強の信頼」によって、自治体職員しかできない仕事や自治体職員だから動きやすい仕事がたくさんあります。自ら動けばそれだけ多く楽しめるのです。

商店街プロジェクト始まる

企画部には特命事項がよく降りてきます。急なプロジェクトで所管部署が横断していたり、既存の事業や計画があるので、まずは企画部で青写真を描くということです。その一例として、地元新聞社から糸島市と地域活性化プロジェクトを実施したいといった話がありました。新聞社からの提案の1つに商店街活性化プロジェクトがあり、商店街の担当部署と連携して僕のいるブランド推進係で担当することになりました。

糸島市の中心市街地は5年ほど前には100近く空き店舗があって増加傾向。中心市街地の空き店舗は、いわゆる普通の「空き家」とは性質が違います。商店街の空き店舗は2階に住居があって1階だけを貸しにくい、代々続いた店を知らない人に貸したくない、商店街の組合に入ってもらう必要があるなどさまざまなハードルがあり、なかなか貸してもらえないのです。**しかし見方を変えると、市内の一等地に資産が面的に眠っている。使わないともったいないし、大チャンスです。**

この話が浮上したときに真っ先に考えたことは、これまで何度もチャレンジして、うまくいかなかった商店街活性化の前例のことです。だからこれまでと同じように地元商店街に補助金を出して何かやってもらう、市が直接空き店改修を促すなど、地元だけでやって公費に頼る手法はとらないことにしました。

糸島市の月形市長も、「これまでの商店街活性化は『リフォーム』してきた。これからは『リノベーション』をして新しい機能を生み出さなければならない」と言っています。本当にそのとおりだと思います。

まず民間の力で政策を考えることを前述しましたが、ここでも同様に考えました。**今回の話は、地元新聞社から資金提供を受けるチャンスがありました。外からのお金を入れて次に回すことを考えます。**回す先はビジネスの力で、商店街の活性化事業を回していける商店街「外部」プレイヤーです。

このような場合、移住やUターンで市内にいて、商店街とも外部ともネットワークを持つ人材が最適です。糸島市でプレイヤーになりつつ、外部の資源を使うことが

外部と内部を結びつける役割は移住者が適任

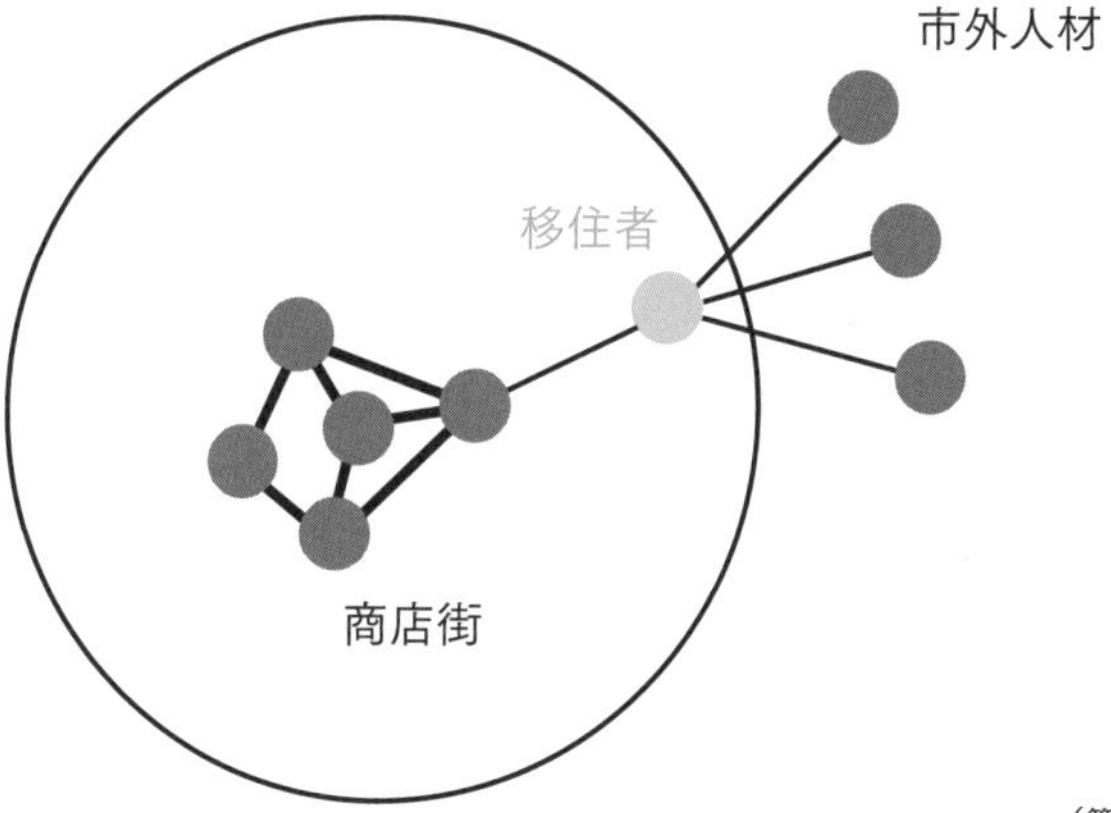

（筆者作成）

できます。外から人やお金を呼び込み活性化に結びつけるには、商店街内の強いネットワークより、外と弱いネットワークのほうが強い役割を果たすのです。

「よそ者、若者、馬鹿者」という言葉がありますが、これは単なる語呂のような話ではなく、「外部」や「異分野」、「プレイヤー」など、まちに資源を取り込んで活躍してくれるという合理的な意味が隠れています。

ショートショートフィルムフェスティバル開催

実はこのプロジェクトの話が来る前から、同じ部署の先輩が業務時間外に地域に入り込んで、商店街活性化の取組みを進めていたこともあり（「マップで応募！　第2回地方創生大賞」「地域に飛び出す公務員アウォード賞」）、僕は中心市街地の活性化に関心がありました。この話が来ていたときには中心市街地で別の事業を実施していて、それがショートショートフィルムフェスティバルです。30分以内の短編映画祭でアカデミー賞作品も上映する世界的なイベントで、日本では俳優の別所哲也さんが発起人となり、ジャパンショートショートフィルムフェスティバルの会長を務められています。

フィルムコミッションといって映画を誘致し、撮影に協力をする仕事がだいたいの地方

自治体にはあります。その担当をブランド推進係で所管していることもあり、この仕事は受けやすいものでした。

アカデミー賞作品や日本、地方独自のショートフィルムを鑑賞するこの映画祭が国内数か所で開催されていましたが、初めて福岡で開催されることになり、これも**ビジネススクールのときのつてから糸島市開催のオファーをもらったのです。フィルムの上映権を無償で使わせてもらえる条件で開催場所や方法はこちらで自由にできるものでした。**

すぐに「中心市街地活性化に活用しよう」と考えました。商店街内の道路に白布をたらしてスクリーンにしたり、大スクリーンを置いて夜間鑑賞してもらうことで、夜の滞在を伸ばすイベントになるかもしれない。それをやってくれそうな人材が必要でした。

僕は本当に運に恵まれていて、ショートショートフィルムフェスティバルの話をもらう半年ほど前に、星降る伊都の映画館「いとシネマ」という野外映画上映会を始めたメンバーがいました。**それが商店街老舗店の跡取りや、移住してきたＩＴ社長、他地域でもイベントを開催していた人材**など市内外の人がコラボしている団体でした。「子どものときに見た映画は大人になっても思い出に残る」、彼らは映画館のない糸島市で子どもたちに地元で映画を見せてあげたいと、クラウドファンディングで屋外大スクリーンを購入。夜間に糸島市内の公園で野外映画を上映し、2000人を集客するイベントを実施していたのです。

行政に頼らず先に立ち上がった地域活動は強く、逆に行政が頼らせてもらう存在になっていくという例は少なくありません。そのときの野外映画祭に少し関わっていたことで知り合いになっていたので、まっさきに彼らの顔が浮かびました。すぐに相談に行き「次回のいとシネマを商店街で実施してほしい。ショートフィルムの上映権は無償で、取組みの宣伝を大々的にできる」ということで話を持ち掛けました。**もともと彼らがやっていた屋外映画祭と中心市街地の活性化は目的が異なるかもしれないので、市から「商店街でやってほしい」とお願いするのは迷惑な話だったかもしれません。しかし彼らは「まだ移住したての僕らが市との共催で信頼を得ることができて今後の活動が助かります」「ちょうど商店街の空き店に自分の会社を出したかったんですよね」「メンバー内の3人でまちづくり会社を立ち上げたくって、商店街に事務所がほしいなと思っていたんです」などと彼らにもメリットがあるような考えを明かしてくれました。**

彼らも商店街での空き店舗利用にハードルを感じていて、これをきっかけに継続的な活動につながるならばと期待に胸が膨らみました。

外からお客が来るとまちの人も変わる

商店街との調整も「いとシネマ」のメンバーの中に商店街組合の名士がいたので、一気に話が進みました。他にも原宿で開催されるジャパンショートショートフィルムフェスティバルを視察したり、近隣の自治体との同時開催の連携会議に出席したり、何度も打ち合わせの時間を持ちました。

そしてさすが福岡市や東京から移住してきてクリエイティブな仕事をしてきた人たち。商店街内の通路ではなく、空き店舗6つをこの日だけお借りして、6つのミニシアターをつくり、別々の時間にずらして映画を流すことで、より多くのジャンルの映画を楽しんでもらいながら、商店街内の回遊性を格段に高める案でした。しかも、映画が流れない時間は、会場ごとにアートの展示、科学実験コーナーなどボランティアスタッフが発表の場として使える仕組みで、映画以外のお客様も楽しめるようになっています。さらには商店街上映の前週にいつもの公園で屋外大スクリーンの映画祭を開催し、翌週の告知を行う、2週連続の糸島映画祭となりました。間違いなく、これまでのように地元だけで固まっていてはできない内容だったと思います。

当日は台風接近で雨模様にもかかわらず、1000人ほどのお客様が集まってくれました。アニメ、アカデミー賞、韓流映画などジャンルが違うので、この時間は主婦層が多い、このシアターは子どもたち、夜は近所の家族連れなど見に来る層が多岐にわたり、どのシアターも満席で、立ち見が出るところもありました。

老舗食堂のレトロな空間で、ご高齢の女性が「昔はこの店でも、こんな風に映画を見てたんよ。やっぱりよかね～」と懐かしんでくれたり、夜になると「どこで食べていく?」「飲んで帰ろう」と普段とは違う客層の人たちが飲食店にぞろぞろ入り、空き店のオーナーが「こんなイベントは初め

商店街の老舗食堂で開いた1日限りのミニシアターは満席に

（写真提供：糸島市）

てや」と驚いてくれました。まさにリフォームではなくリノベーション。新しいまちのにぎわいを感じました。

よそ者が活躍するにはソフトからハードへ

無事に映画祭が終わり、いとシネマのメンバーが商店街へお礼のあいさつに回ると、「いいイベントだったね。君たちなら空き店舗使っていいよ」とオーナーが言ってくれたそうです。なんとすぐに、映画で使った空き店舗の1つをメンバーの1人が貸してもらい、CGの会社が入りました。糸島で唯一のCG会社で東京の仕事をメインにし、皆さんが目にする有名なテレビCMなどはここでつくられています。**社長である彼は福岡市に会社を持っていますが、「糸島にお金を落としたいから、ここは本社にします」と別会社にしてくれ、すでに10人ほど雇用してくれています。しかもこれでは終わらず、彼はさらにもう1店舗を改修し、ゲストハウス兼チャレンジレストランを開設してくれました。**これは糸島市でレストランをオープンしたい人が試しに数か月ここで出店しみて、糸島市内の別の場所にお店を探してもらえる場所です。

その後も、ミシュラン星付きレストランや帝国ホテルのシェフが出店したり、駅前に地産地消のバルができるなど新しい飲食店が毎年オープンしています。「いとシネマ」の別のメンバーには世界一周旅行の経験を生かし、前原《まえばる》商店街でマエバルウォークを開催したり、DIYリノベウィークを開催しています。ほかのメンバーも継続的に商店街の清掃活動を開催したり、「いと会」と呼ばれる月1回の市内外の人が集まる交流会を開催しています。

それから食以外にも「シニング（間伐）」というクラフト作家やアウトドアショップが集まるイベント、「前原歩帖」という街歩きマップを商店街の店主たちが自主的につくって回遊性を高めたり、SNSで中心市街地に特化した情報発信を行ってくれています。いくつものグループがそれぞれの強みや好きなことを活かして、まちをどんどん活性化してくれているのです。

2012年、2014年と立て続けに別々の出版社からレストラン、カフェ、雑貨店などの糸島情報満載のムック本が出され、4度にわたる改訂を経て、中心市街地のお店やイベントも紹介されるようになりました。

2013年に市の定住促進担当部署が設置。同年に糸島市商工会で新規起業者応援事業が始まってから、新たに定住、創業した人と地元の人たちが一緒になって「糸島にお店を出したい！」というまちにしてくれました。

その後も、空き店舗の貸出が進み、商店街では出店ラッシュに。全国でも空き家率は13・5%を超え、毎年増えているにも関わらず、糸島市の中心市街地の空き家率は8・61%まで減っています。糸島市全体で見ても9・4%です。

商店街の空き店舗がこれだけ減っているのは全国的にもめずらしいのではないでしょうか。市や地元だけで頑張っても再生しなかった商店街が、今新たな芽吹きを見せています。

そしてここでも飲食店の出店が多く、「食」に特化した戦略は中心市街地にも効いてくることがわかります。これは福祉にも教育にもスピルオーバーして波及してく

中心市街地の空き店舗の件数と割合

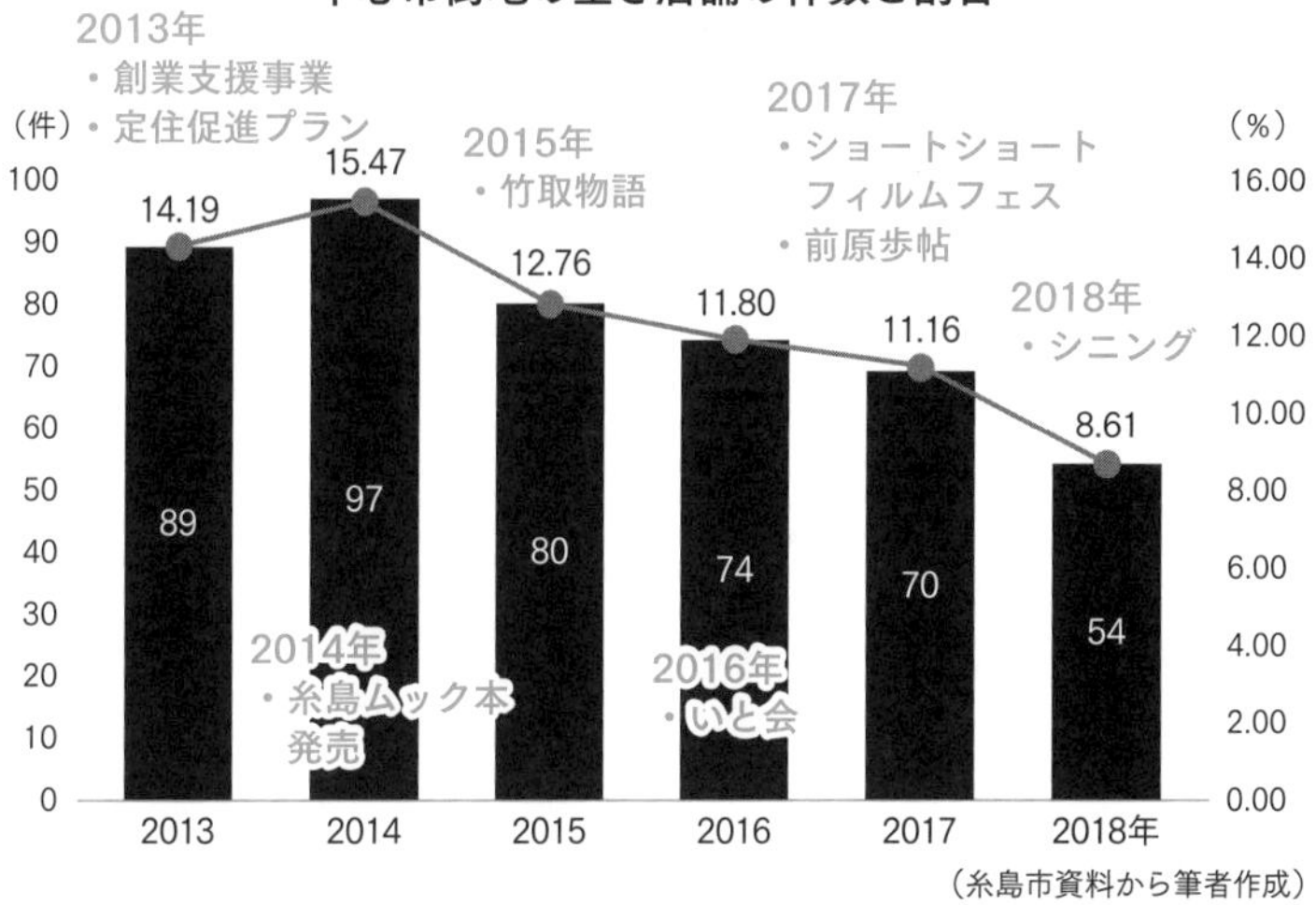

(糸島市資料から筆者作成)

るはずです。

このような心理的なハードルが高い案件の場合は、「ソフトからハードへ」という方法を考えることにしています。ハードというのは、ハード事業のことで、建築物や設備などのインフラを整備するような事業。お金がかかり、やり直しが利きにくい事業をいいます。ソフト事業というのはイベントや人材育成などインフラを伴わないハード事業以外のものをいいます。

今回の場合も、いきなり、商店街の空き店を改修して市が拠点をつくる、もしくは地元への補助で空き店で商売を始めるなどのハード事業から入らず、まずは外の人材を内側につなげ、イベント的な事業から入っていくことで、結果、空き店が埋まっていくことにつながっていったことがわかります。自治体職員は未来のハード事業をビジネスで解決できるような外部人材がソフト事業から入っていきやすいように調整することで役に立てます。**よく国の補助金事業に、ハードをつくった後ソフト事業を実施するメニューを見受けますが、僕はむしろ逆だと思います。先にソフト事業でテストマーケティング的に入って、後からハードを行うか決定したほうがよいと思います。**ショートショートフィルムフェスティバルのときも、ソフト事業だから失敗しても、そこは頭を下げて、また次のチャレンジをすればいいと考えていました。

まちづくり会社「いとしまちカンパニー」誕生

話は地元新聞社のプロジェクトに戻ります。新聞社からの資金を使って、外部人材を活用する手を考える。しかも、ビジネスの力で稼いで継続性のある仕組みにしなければなりません。

そこで先ほど紹介した、いとシネマのメンバーのうち3人が「糸島にもっと外から人が集まって、化学反応を起こすハブになる会社を立ち上げたいんです」と言っていたことを思い出しました。3人はそれぞれ、CG・プロジェクションマッピングを使ってCM、観光コンテンツを制作する会社の社長、レンタサイクル、イベント運営で複数の会社を経営している社長、ECコンサルで、「いと会」を開いている地域内外の人脈も申し分ない社長、そこに新聞社の宣伝力や信用なども加わるので、きっとマッチすると思いました。

しかしこのとき先輩は、商店街担当から異動してきたばかりで、これまで商店街の失敗事例をたくさん見てきたため、新聞社と市が商店街に何かを起こすことに限界を感じていたらしく、不安そうでした。でも僕は「市はプレイヤーにならず、お金も出しません。新聞社のお金とまちづくり会社をやりたいと言ってくれる人たちを支援する方法で行きましょう」と。先輩は「それならなんとかなるかもね」ととりあえず、この方針に賛同してくれました。

3人にこの話を持ち掛けると「もともとやりたいと思っていたので、ありがたいです。でもお金をもらうことで逆にやりたいことがやれなくなったり、実施スピードが遅くなるのは心配します」という回答でした。僕は少し肩透かしを食らった感じでしたが、まずは双方で意見交換してみようということで、全員で集まって話をしました。新聞社も中心市街地でプロジェクトが起きるのであれば直接自社でやる必要がないし、バッティングするような事業はしたくない、まちづくり会社にブレーキをかける気はないと、なんとか前向きに会議は終わりました。

そして次の会議では、3人が、商店街でのイベント開催、カフェ、コワーキングスペース、レンタサイクル、映画館、市民が選ぶみんなの本棚など企画を出し、まちに賑わいが生まれるような提案に対して、新聞社の社員たちも会社の出資が可能か、掛け合ってくれるようになりました。3人は均等に出資して合同会社をつくる気だったので、新聞社の出資比率に少し懸念を示していました。一方で新聞社も彼らの企画を社内で通すために大変

な労力をかけてくれました。このような議論を繰り返し、新聞社が寄付金という形で経営には参画せず、資金だけを提供してくれるようになったのです。

当初不安な様子だった先輩は、もともと商店街には人一倍思い入れがあったので、「岡君、私もやるよ」と忙しいのにメインで担当してくれるようになりました。

本格的にプロジェクトは動き出しました。だが、肝心の場所がない。商店街でめぼしい場所を借りることができず、ここで市の出番が回ってきました。商店街の一角に通信会社の基地局が空きビルになっていて、「あそこ使えませんかね」と3人から要望がありました。場所は申し分なく、確かにカフェやコワーキング、イベントスペースとして最適でした。

以前は市で国際交流協会の事務所として借りていた実績もあり、そのときこのビルを借りるときにも担当していた上司が「俺を使え。話つけに行くぜ」と頼もしく、先陣を切って交渉してくれました。

通信会社も空いたままにしておくだけでは費用がかかり、市とのプロジェクトであれば安心なので建物の利用条件が合えばと、前向きに検討してくれるようになりました。後日、通信会社から「自社のIT技術もまちづくり会社の事業に活用してもらいたい。協定を結ぶような方式はどうでしょう」と提案があり、新聞社とのプロジェクトが、まちづくり会社の3人、通信会社と広がっていきました。市役所で協定の締結式を行い、3人はこのためにオリジナルTシャツを作って市長と記者会見に臨み、いつもの楽しそうな笑顔で写真に写っていました。

それを見て「あの人たちすごいね。私、役所に入って初めて会社を立ち上げる仕事をした」とうれしそうな先輩でしたが、**すごいのは先輩でした。異動してきて2、3か月でこの担当になり、1年以上も粘り強くこれだけ多くの関係者の調整を続けてきたのです。**糸島市の未来に大きな手を打った一番の功労者だったと思います。

2019年12月、通信会社のビルを改修し、まちづくり会社の拠点「みんなの」が

市と企業と「まちづくり会社」が連携協定を結び、
糸島市の中心市街地を発展させていくことに（写真提供：糸島市）

オープンしました。イベントスペース、コワーキング、レンタサイクル、そして皆さんが薦める1冊を置く未来型図書館、4面プロジェクションマッピングを使った観光地体験などさまざまなコンテンツを準備してくれています。僕は副業推進や働き方改革が叫ばれる中で、市職員もコワーキングスペースで作業したり、勉強会やイベントができるように職員の互助会などが会員になってほしい（笑）とひそかに願っています。

これからもっと中心市街地は民間の力で発展していくと思うと、どうなるのだろうとワクワクします。**やはり、人、モノ、金、情報を外から入れる視点を持てば継続した仕組みをつくれる。もう糸島の中心市街地はきっと大丈夫です。**

各自治体の食観光客数と飲食店数

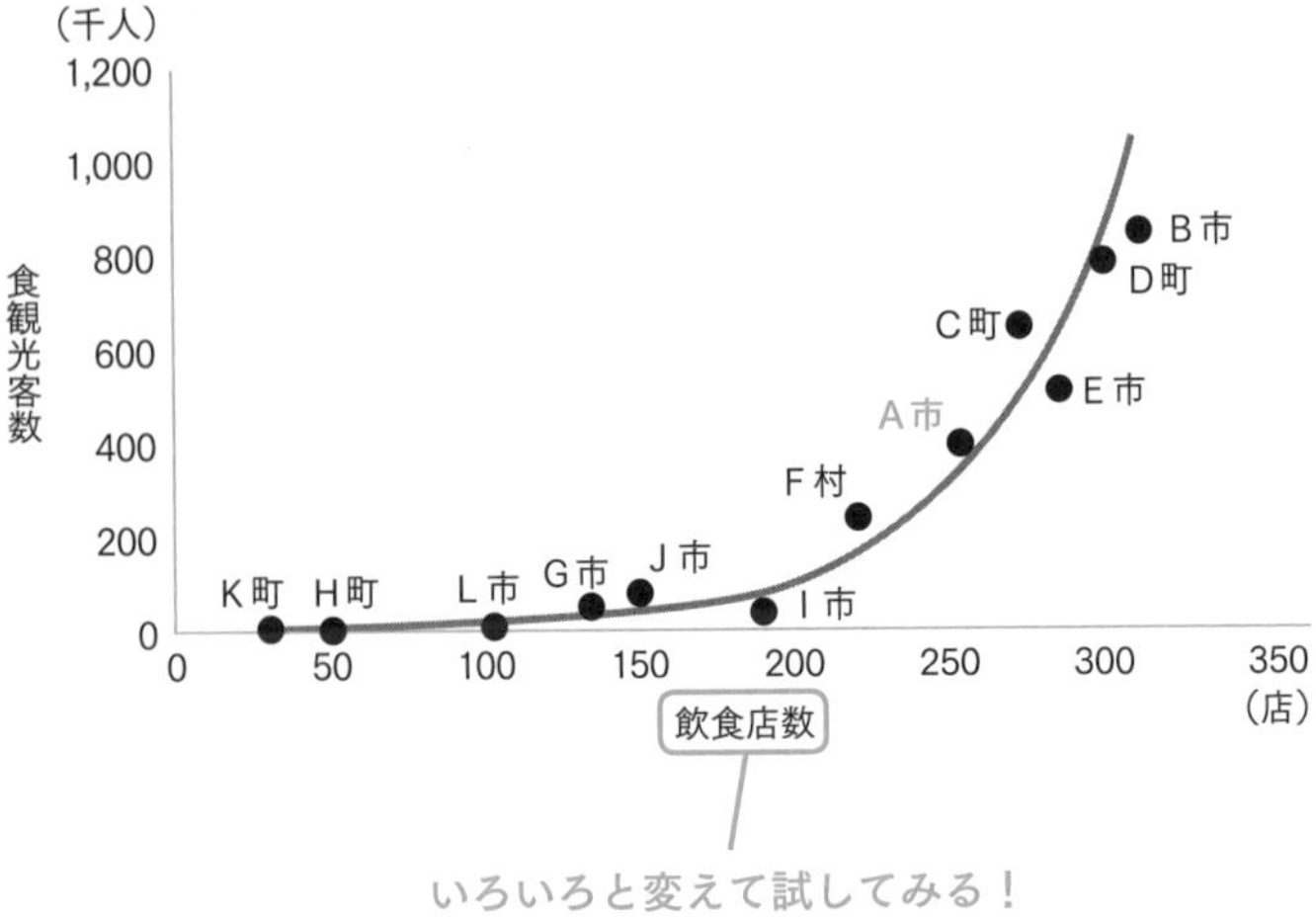

グラフはダミーですが、飲食店数が多いと、食目的の観光客を増えるという傾向が見えれば、「レストランを誘致する方法を考えよう」と打ち手が浮かんできます。もし、効果がなさそうなグラフにしかならなければ他の要因を探すだけです。他にも「グルメイベント数」「特産品数」など横軸をいろいろ試してみましょう。

ＭＢＡミニ講座⑤

「打ち手」を考えるときは2軸使いで！

●打ち手になりそうな要因を考えてみる

分解して課題を絞る方法を紹介してきましたが、最後は効果のある打ち手を考えたいものです。MBA ミニ講座②でも使ったグラフを見ると、2017 年から観光客が減っていて、「食」目的の人たちの減少が要因だとわかりました。

では「食目的の観光客を増やせないか？」と考えたときに、その増やす要因を考えてみましょう。

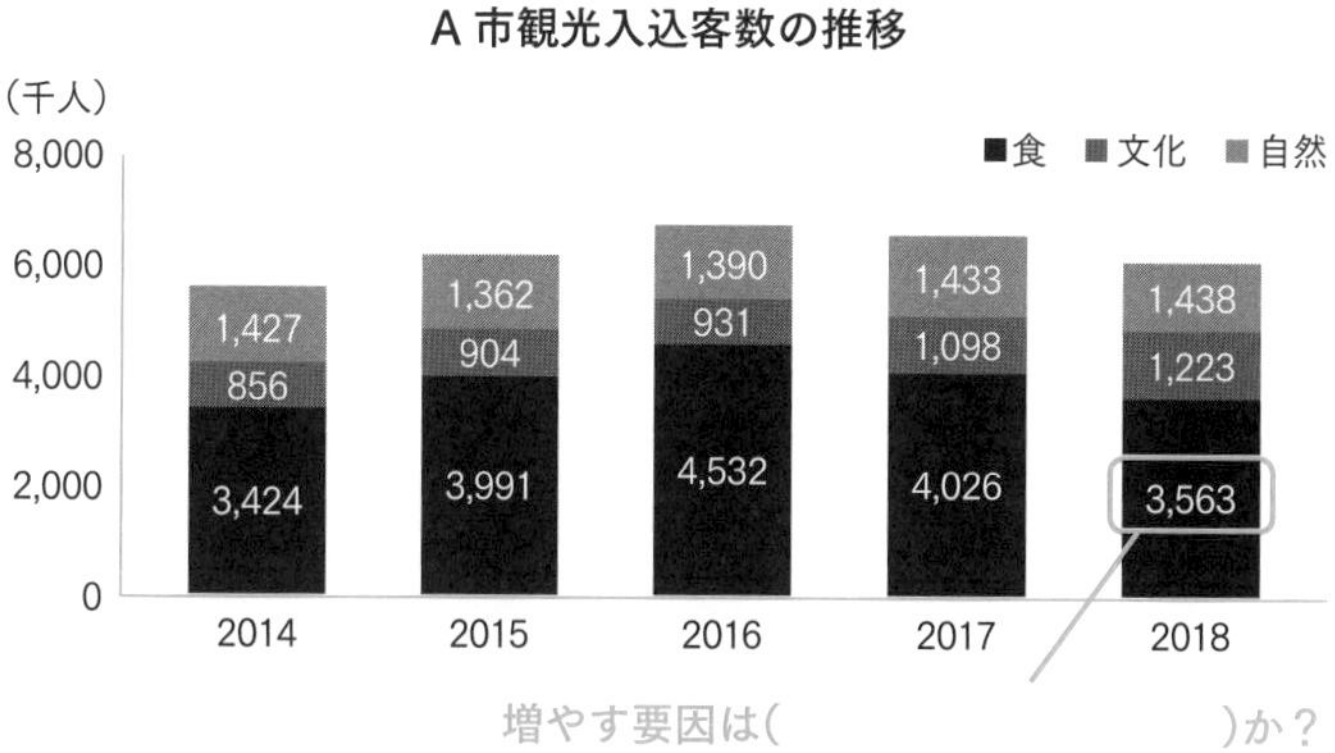

●縦軸に目的、横軸に打ち手を指標化してみましょう

２軸を使って効果のありそうな打ち手を導きます。目的は「食」観光客の増加なので、「食観光客数」を縦軸の指標にします。

次に食観光客を増やすための要因を横軸に指標化します。例えば「レストラン数が多いと食目的の観光が増えるだろうか？」と仮説を立てた場合は、図のように「飲食店数」にしてみます。

民間の力で商店街の一角に誕生したオープンコミュニティスペース
「みんなの」の開所を官・民・地域みんなでお祝い
（写真提供：いとしまちカンパニー合同会社「みんなの」https://minnano-itoshima.com/media/　より引用）

第6章

苦しいときに粘ると仲間ができた新駅の話

〜ゼロ円で駅をつくる!?

新しい政策に取り組むときは3つのNの「熱意」「粘り強さ」「仲間」を心がけていますが、粘り続ければ一生の仲間もできます。その実例が新駅の建設でした。

2010年1月に前原市、二丈町、志摩町の1市2町の合併協議を経て、合併後の糸島市で新駅を建設することが新市基本計画に計上されていました。2011年4月に経営企画課に配属になった僕は、この新駅を誘致する担当になりました。

なぜ新駅なのか、経緯を聞くと、この新駅は何十年も前から地元の強い要望があり、過去に何度も鉄道会社に対して請願が

この長い駅区間に糸島市唯一の普通高校「糸島高校」があった

行われていたそうです。確かに、すでにある駅と駅の間の距離は他区間と比べて長く、中心市街地のエリア内なのに、住宅も店舗も少なく、発展が遅れていました。また、そのエリアには県立高校があり、高校生たちは最寄駅から遠い場所まで通学しなければならない状況で、新駅が実現することで高校の利便性が向上し、受験生も増え、ひいては学力の向上も見込まれていました。

ただし、この新市計画に計上するための条件として、「合併後の旧市エリアに駅を建てるために、旧1市2町から持ち越す基金を使うことは不公平である」「新駅の駅舎を建設するための費用に市の財源は使ってはならない」という取り決めがなされていました。新駅を建てる担当というくらいしか認識がなかった私は、**予算がまったく使えないのにどうするか**、無謀ともいえる仕事に驚きました。

新駅を誘致するため、地元団体「新駅設置促進期成会準備会」が立ち上がっており、僕は準備会から期成会を設立するための総会を開催するところから、担当することになりました。この期成会の会長は市長になっており事務局は市が担当していたのです。

ここで駅建設の仕組みを説明すると、そもそも駅舎は鉄道会社の所有。通常、採算が取れると見込んで進出してくる駅は「営業駅」と呼ばれ鉄道会社が建設します。しかし、地元が駅を建ててくださいと鉄道会社に要望する駅は「請願駅」といい、地元で駅舎を建てて鉄道会社に移譲するという流れになるのです。

このとき見込まれていた駅舎建設費は概算で8億円。**この8億円を、税金は一切使わずに工面して駅を建てるというミッション**だったのです。

準備会で決まっていたことは、署名部会、寄付部会、建設部会の3つの部会をつくり、「市民全体を盛り上げて寄付を募るんだ」という程度の状態でした。

「あいつだれ？」

これだけ大きなプロジェクトなので、僕のいる経営企画課（当時）だけではどうしようもなく、駅舎とは別に、周辺の区画整理、駅前広場や自由通路を担当する建設都市部門との連携は特に重要でした。

最初は建設都市部門も、新駅の実現性はかなり困難だと思っていたようです。それに、突然30歳そこそこの若手が、二丈支所から本庁の経営企画課に異動してきて、忙しい相手の都合を考えずに「あの資料ください」「なんで動いてくれないんですか？」とお願いばかりするのですから、「あいつだれだ？」「あいつ何だ！」という存在だったのです。

この下手な調整のせいで、協力を得なければならない人たちと険悪になってしまうこともあり、一時期は挨拶をしても返してもらえなくなったことがありました。

そのときは、異動してきたばかりで新しい仕事に加え、ほかの業務をいくつも兼務しており、業務量が多すぎて自分に余裕がありません。行って説明すべき内容だとわかっていながら、時間短縮のために電話で済ませようとしたこともありました。こういうのは、そのときすんなりいっても相手からすると「きちんと説明に来いよ」と、後々の不満に蓄積されていくものです。

ただ深夜を過ぎて帰る毎日で、家に帰るとリビングに倒れ、飯も食わず、朝子どもの寝顔だけを見てシャワーを浴び出勤する生活。「自分はこれだけやっているのに、なぜ協力してくれないのか」と自分のことしか考えることができなくなっていました。

いくらやっても進まない！

それでも新駅を望む高校生と一緒に街頭募金活動をしたり、新規乗降客の目標数値を算出し、何度も鉄道会社に出向き、建設していただける条件を聞き出し、実現に向けて動きました。

目標の3万人の署名を集めては市長と鉄道会社に提出に行き、周辺のまちづくり計画で乗降客見込みを出しては会議に行きましたが、糸島市から何度も足を運んでも、鉄道会社の承諾は出ません。それどころか、「近くに大型スーパーの誘致はできないですか?」などの話を振られるばかりで、そもそも何をやれば鉄道会社の承諾の決め手になるのか不透明なまま。いくらやっても前に進まない、先の見えない仕事に不安は募るばかりでした。

署名や資金集めはできても、駅舎の周辺の計画図を描く技術や、その関係法令の知識も乏しい僕にはまちづくりのことは何もできません。このとき助けてくれたのが、建設部門の2人でした。一回り年上の係長は生意気な僕に、毎日のように席に来て声をかけてくれました。技術職の先輩は、冷静で、知識も豊富、頭の回転が速く、本当に頼もしい存在でした。彼らの助けがなければ新駅は間違いなく実現しなかった!

彼らとは何度も議論し、ときに険悪になりつつも、新駅を建てるという同じ目標に向かって、好き嫌いではなく、プロとしてぺーぺーの僕に手を差し伸べてくれました。自分で慣れないシステムを使って作れる図面は作っていましたが限界があります。会議や打合せのたびに、「あの図面作ってください」と軽々しく頼んだり、知識が不足して的外れな意見を言う僕に毎日辟易していたと思います。

そんな彼らの助けを得ながら、1年ほど鉄道会社との交渉を進めていき、目標とする新駅の乗降客見込数を確保、署名集めなどが終わりました。そして、最終的には費用の工面をどうするかがやはり最大のネックとなっていました。

お金の工面

8億円は寄付を募るだけではとても集まらない金額。当てといえば、新駅予定地の周辺には駅が建設されるかどうかに関わらず、20ヘクタール（住宅約1000軒分）の土地区画整理事業が予定されていたことです。もし駅が建設されれば、土地の単価が上がるため、地権者たちに値上がり分を寄付していただくようお願いすることでした。地権者たちも、駅が建設されなければそのままの値で土地を売る予定だったので、駅があれば分譲地が売れ残ったり値下がりしたりしていくようなリスクを下げることができるということでメリットがあります。地権者たちが寄付してくれる確約はなかったけれど、もし可能になれば、4分の1ほどの資金が集まる見込みでした。

しかしこの相談を持ちかけるには、分譲販売するディベロッパーと地権者たちとの価格交渉期限があり、それまでに鉄道会社の新駅建設の承認を得なければ、値上がり分を寄付してもらう話自体ができなくなり、絶望的な状態になります。このプロジェクトのタイムリミットは、交渉期限の2013年12月、僕が異動して実質2年でした。

そんなとき、別の部署から内線に電話があり「岡君、今、福岡県職員がまちづくりの助成金の紹介に来てくれてるんだけど経営企画課も一緒に聞いてもらえないかな」と呼び出しがありました。正直、忙しいのに急な対応で時間が惜しいところでした。しかし他の部署の上司からの電話で行かないわけにはいかず、しぶしぶ同席しました。ところが、これが一気に話が進展するきっかけになったのです。

話を聞くと、まちづくりの補助金で、まちのいろんな事業に使えるから糸島市でも利用を検討してほしいという内容でした。打合せが終わり、席に戻って50ほどの全国の事例を見てみました。もともと国の補助金がうまく使えれば、市の財源を使わずに駅舎の費用を工面できるので、僕はその線はすでに調べ尽くしているつもりでした。半分あきらめモードで、一応、分厚い事例集を1つずつ見ていきました。すると、(記憶が定かでありませんが)埼玉県のある町で、駅舎への補助金を活用した事例があったのです。随分調べた後だったので、疑心暗鬼でしたが、すぐにその町に電話をかけてみました。すると、やはり駅舎に活用されていたのです。「これを使えれば建設費の半分を工面できるかもしれない」、希望の光がさしてドキドキしました。本当に大丈夫か、来てくれた県の担当者を通じて国に聞いてもらうと、やはり利用することが可能でした。

しかし大きなハードルがありました。まちづくりの補助金であるため、新駅単発の事業で使えるものではなく、市全体の大きな計画を作らなければならなかったのです。期限まで3か月。もうこれにすがるしかありませんでした。

タイムリミットも迫っていましたが、市全体の予算を決める計画を担当していたおかげで、まとめることができそうな各課の事業にあたりをつけることができました。10課以上の担当課にこの計画に移行してもらうようお願いに回り、また慣れないシステムを使って図面なども作り、連日午前様退庁。10キロほど体重も落ち、動悸がやまない状態でしたが、なんとか気持ちも途切れずに計画書にまとめあげられました。

ようやくできた計画書を持って補助金申請の窓口である国土交通省九州地方整備局と打合せに臨みましたが、急ピッチの作業に十分な内容のものも作れず、まずいと怒られ、当時同行してもらっていた福岡県庁の担当者も一緒に怒られてしまい、大変なご迷惑をおかけしました。僕の上司にも九州地方整備局に謝罪に行ってもらったり、東京の国土交通省の本省にも市長に出向いてもらい、認可が下りるよう要望活動もしてもらいました。

このように多くの支援を受けながら、最終的には計画の認可が下りました。これで区画整理事業と合わせて、資金の４分の３の目途が立ったのです。

決定打は

朗報は続くもので、住宅地開発をする区画整理事業のエリア内に地元所有の溜池があり、将来新駅ができるときには、その溜池を売って駅舎の建設費用に充ててほしいという書面が残っていました。大変な状況を見て、農林土木課の課長が調べてくれたのです。こうして地元からのご厚意で、予算ゼロだった計画に資金の目途が立ちました。

駅舎の資金が最終的なネックになっていたので、この段階で鉄道会社からの条件はほとんど満たしていました。すぐに建設のお願いに行くと、「これ以上は、駅を建設した後のランニングコストなどを計算して、上層部に説明しなければなりません。駅の規模や設備など基礎資料となる基本設計をしてもらわないといけません」と次の試練が待ち受けていました。上層部に持ちこんでもらえるところまでは来たものの、基本設計には数百万円ほどかかる。そんなお金はない。しかも、基本設計をしたからといって、鉄道会社の上層部が首を縦に振ってくれるかはわからない。その資金が無駄になるかもしれないのです。

でもここであきらめるわけにはいきません。新駅予定地には近くに高校がある話をしましたが、もともと、その高校の卒業生であり、かつ新駅設置促進期成会の役員でもあった地場企業の会長が新駅の設置を応援してくださっていました。もうその企業に相談するしかない。上司から会長にこの話を切り出してもらうと、「基本設計だけで済むのか。鉄道会社の承諾が下りたら、また詳細設計の費用がかかるんじゃないか。いくらだ？」、「合わせて○千万円です」、会長は小切手を取り出し、なんとその後必要になる詳細設計費まで含めて、その場で寄付してくださったのです。

こんな大金の小切手を人生で初めて持って手が震え、そのあと会計課の金庫に入れてもらうまで心配でなりませんでした。これで鉄道会社の上層部のテーブルにかけてもらうことができることにみんなで歓喜しました。

僕は急いで、基本設計を発注し、鉄道会社へ提出しました。これで前向きに検討してもらえるのか、判断にどのくらい時間がかかるのか、正直不安でした。

このとき、すでにタイムリミットの2か月を切っていたと記憶しています。しかし鉄道会社の担当者が、こちらの熱意を汲んでくださり、短期間で経営陣の説明を済ませ、すぐに会議を設定してくださいました。

そして鉄道会社の会議の日。僕は朝から落ち着きませんでした。すると電話が入り、「岡さん、覚書の締結の許可下りました。ただし覚書の条件を満たさない、例えば新駅の建設費が集まらないなどの場合はこの覚書は破棄になることもあります」、冷静な担当者からいつものように落ち着いた声で電話があり、「わかってます。わかってます。ありがとうございます!」、興奮した僕は電話を切り、「課長、係長、覚書締結決まったそうです」と叫んでました。すぐに課長が市長に報告に行ってくれ、僕は建設部門の2人に報告しました。

今でも夢のような仕事でしたが、2013年12月、タイムリミットいっぱいで覚書が交わされました。これまでの長い時間を考えると、基本設計ひとつで、驚くほど早く決まってしまい、あっけない感じがしましたが、決定打はこちらが設計費用まで集め、すぐに持ち込んだときの熱意を汲んでいただいたことではなかろうかと考えています。

そして、「糸島高校前」駅は建った

覚書の締結は期限ぎりぎりだったため、調印式をする余裕がなく、書面を郵送でやり取りし、粛々と手続きを済ませました。

険悪になった職員からは、「本当は俺もこんな大きな仕事をしたかった。公務員人生で

新駅をつくらせてもらえるなんて一度あるかないかだ。無理だとあきらめていたから。実現してくれてありがとう」と思いもよらない言葉をもらいました。嬉しかった。

今は、「あなたと喧嘩したよね」と笑って言われますが、突き抜けるまでやるときちんと行動を見てくれている。粘り抜くことが大事なのです。

この後、僕は異動することになり、その後の駅建設に関わる仕事には携わっていません。短期間で相当の無理をして進めたこともあり、不備な書類の補足など、覚書の後がもっと大変だったと思います。後の担当者に心からお詫びしたい。しかし、後の人たちの力で5年後の2019年3月16日に「糸島高校前」駅が開業しました。

開業後、当時の建設部門の係長から「あのときの功労者の○○さんと岡君をお祝いしてやろう」と、うれしいお声がけがありました。

このとき初めて、新駅を使いました。駅を降りて5分ほど、ぼーっとひとりで駅舎を眺め、新駅前の居酒屋に入りました。今ではだれもそんなことがあったとは知らない当時のメンバー3人で飲んだ酒は最高でした。上司や先輩に対して失礼かもしれませんが、ここでも一生の戦友ができた仕事でした。

す。

他にも「この窓口の手続きはあの手続きと相関が強いから、まとめて手続きをすると一気に時間短縮できるかも」など、実際の事務で応用してみましょう。

まちの施設の月別観光入込客数の相関表を作ってみましょう

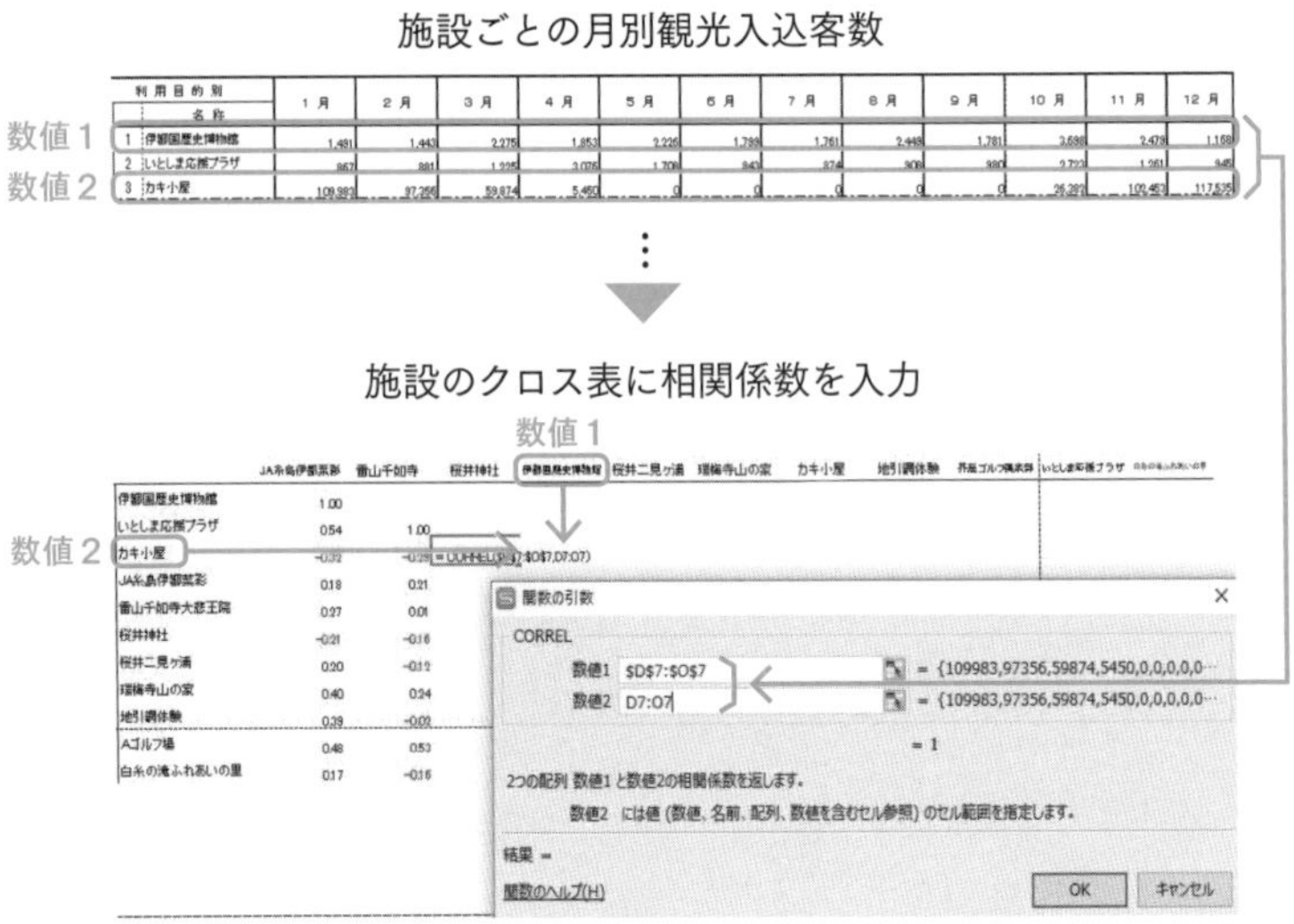

	伊都国歴史博物館	いとしま応援プラザ	カキ小屋	JA糸島伊都菜彩	雷山千如寺大悲王院	桜井神社	桜井二見ヶ浦	瑞梅寺山の家	地引網体験	Aゴルフ場	白糸の滝ふれあいの里
伊都国歴史博物館	1.00										
いとしま応援プラザ	0.54	1.00									
カキ小屋	−0.32	−0.29	1.00								
JA糸島伊都菜彩	0.18	0.21	0.02	1.00							
雷山千如寺大悲王院	0.27	0.01	0.37	0.10	1.00						
桜井神社	−0.21	−0.16	0.40	−0.54	−0.07	1.00					
桜井二見ヶ浦	0.20	−0.12	−0.69	0.00	−0.12	−0.20	1.00				
瑞梅寺山の家	0.40	0.24	−0.64	0.15	0.03	−0.23	0.60	1.00			
地引網体験	0.39	−0.02	−0.81	−0.06	−0.28	−0.30	0.62	0.47	1.00		
Aゴルフ場	0.48	0.53	−0.29	0.60	0.38	−0.42	0.09	0.15	0.23	1.00	
白糸の滝ふれあいの里	0.17	−0.16	−0.64	0.10	−0.21	−0.25	0.84	0.82	0.60	−0.11	1.00

関係がありそうな観光がわかる！

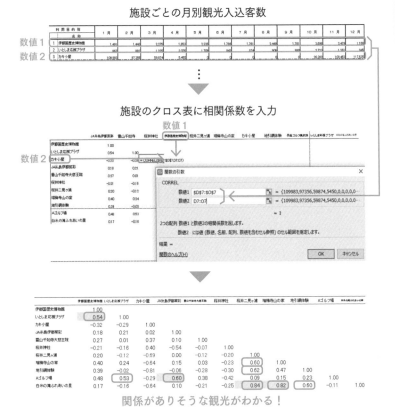

ＭＢＡミニ講座⑥

「相関表」は武器になる！

●相関とは

　ＸとＹの関係を調べるとき、この２つの変数の関係がどのくらい強いかを示す数値が相関係数です。

　相関係数は０で無相関。１に近づくほど強くなります。反対に－１はまったく逆の動きに近づきます。± 0.7 を超えると強い相関と呼ばれます。

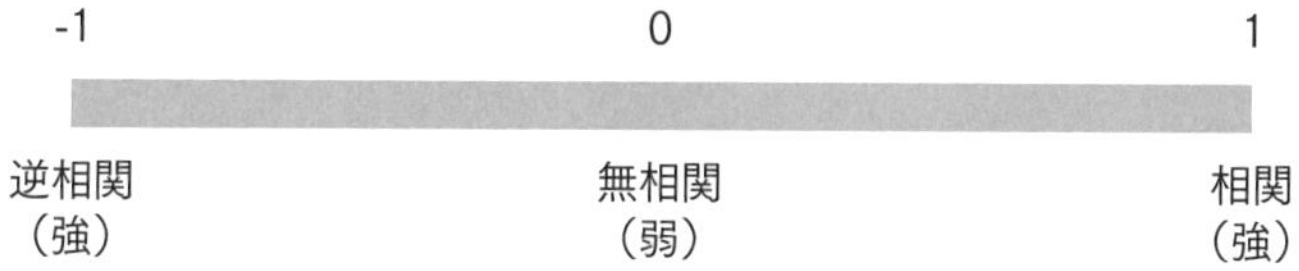

●表にまとめる

　例えば、月別の観光施設ごとの入込客数の表を作り、観光施設間の関係を調べることができます。エクセルのＣＯＲＲＥＬ関数を使えば一発です。

　数値１と数値２に２つの施設の月別観光客を選択するだけで、相関係数を算出してくれます。表にまとめると、どの施設間の関係が強いのか一目瞭然です。

　ゴルフ客は伊都菜彩に立ち寄っている可能性が高く、いとしま応援プラザ（作家展示場）に訪問する観光客は博物館に訪問する可能性が高そうです。割引券などで提携したり、クラフトフェスタで博物館の企画を案内したり、反対に博物館でクラフトワークショップを開催したりするなどの連携も考えられま

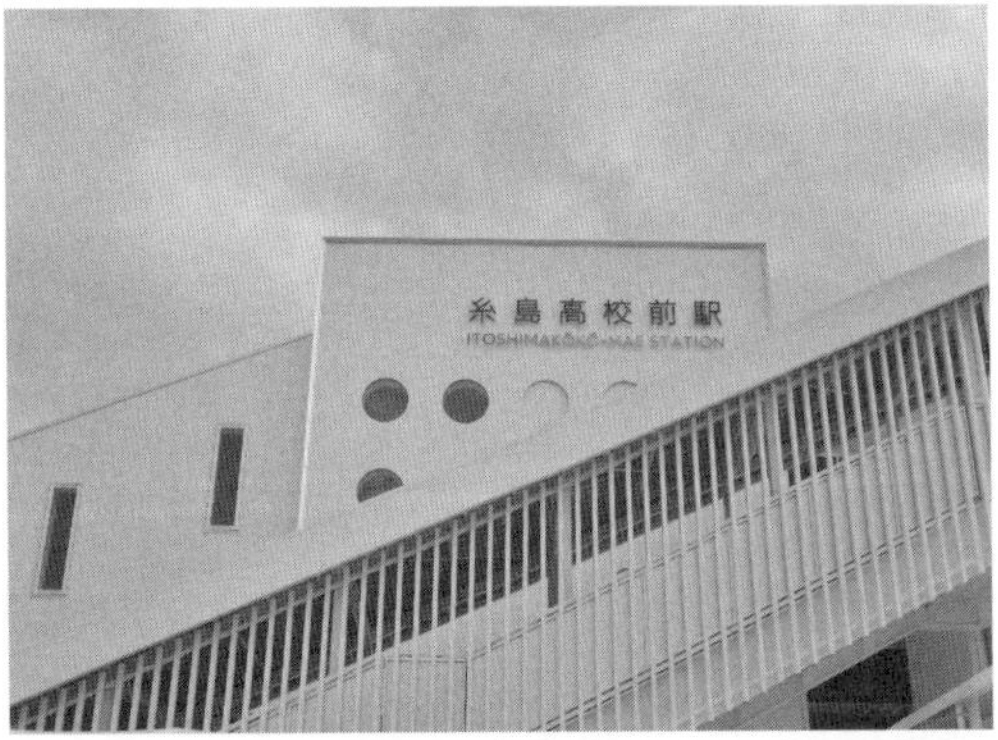

地元の長年の夢であった「糸島高校駅」
（写真提供：糸島市）

第7章

ダメ公務員の僕は、日本一のMBA公務員になった

～市職員が日本一の地方創生大臣賞に

「糸島版マーケティングモデルで地域産業のやる気も出る。糸島市役所　岡祐輔さん！」

静まった会場で、山本幸三地方創生担当大臣（当時）の声が響き渡りました。気づけば僕は、東京大学のステージに立ち、照明とカメラのフラッシュで会場の人はほとんど見えないまま挨拶をしていました。

データを活用した政策立案を推進するため、内閣府が毎年開催する「地方創生☆政策アイデアコンテスト2016」で、全国一般の部486組から最優秀賞に選ばれたのです。2015年から始まっていますが、チーム、個人合わせて、自治体職員から大臣賞は出ていなかったので快挙だったようです。おかげで、このときから多くの講演やメディアへ出演の依頼をいただき、毎月2、3回の講演をこなしています。

まさか選ばれるとは思っていませんでしたが、データによる分析力と政策企画力を競うコンテストで、大学や民間企業チームに交じり、僕のような一市職員が日本一にまでたどり着けたのか冷静に考えると、市職員でありながら、マーケティング、組織・財務戦略など世界のビジネス現場で、偉人たちが生み出してきた経営手法や研究の成果、企業の成功・

失敗事例をもとにした実践演習を通じて、ＭＢＡ（経営修士）を取得し、その手法を使うことで対等に戦うことができたからだと思います。

シンデレラボーイじゃない、挫折人生の始まり

「ＭＢＡだからできるんでしょ？」と思われるかもしれませんが、予定どおり、スキルを身に着け、一気に駆け上がってきたようなシンデレラボーイではありません。

僕は佐賀県唐津市で生まれ、地元の県立高校を卒業。最初から公務員を考えていたわけではなく、身近にいる両親が医療関連の仕事に就いていたことや、当時、給料が高く、社会的地位も高い仕事の代名詞であった「医者」というカッコいいイメージに飛びついただけなのです。

医学部といえば、当時は今ほど少子化でもなく、地域枠、私立学費の奨学金などの有利な制度もなく、地方の公立高校から入学することは今よりもっと大変でした。今は「医者不足」といわれますが、当時は「医者余り」の時代が来るといわれていたほどです。国立大学は全国どこの医学部でも激戦で、偏差値が低いところなんて皆無。私立名門の中高一貫で英才教育を受けてきたような全国の秀才たちが、上は東大、京大から順に地方の医学

部に流れていく。私のような中途半端な志の人間が受かるはずもなく、現役高校生のときから1年浪人して医学部に入ることを予定しているような始末。そして予定どおり（？）予備校に入りました。

僕は、優秀でもなく、もともと高い志があったわけでもありません。

勉強もできない自分に気づく

1年すれば合格できると考えているので気分はウキウキでした。しかも、何事も、最初の出だしの気持ちだけは前傾姿勢。自分を追い込み、やる気を高めるため、親に頼みこんで、唐津市から遠く、厳しいことで有名な予備校に行き、寮に入らせてもらいました。

しかし現実は甘くない。予備校の授業はレベルが高く、田舎の公立進学校ではお目にかかったことがないような難しい問題ばかりで、予習してもほとんどわからない、授業を聞いても理解できない毎日で、絶望的になりながら食らいついていくだけ。毎日10時間以上勉強しましたが、それでもなかなか成績は上がらず、夏が過ぎ、だんだん焦りを感じ始めました。

振り返ると、目標点にもっていくため、**自分の弱点やテストの傾向、テスト時間の配分**

を分析するといった、自分で考えて勉強するような力もなく、とにかく毎日与えられた授業とテキストで勉強していました。

ただ、がむしゃらに勉強していましたが、センター試験も近まった年末頃になって、自分で時間配分、効率的な解き方を考えながらやり始めました。このように自分で考えることができるようになってから、ようやく点数が伸びました。不思議なものでジワジワ伸びるのではなく、あるとき急に得点が伸びる。それでも医学部合格ラインには達することができなかったのです。

大事なところで「楽」をとった

2浪目は、唐津市から片道1時間半をかけて通学することにしました。

寮生活と比べて通学になると、ずいぶん勉強時間が減ってしまい、緊張の糸が切れてしまいました。しかも、通学の電車の中で同級生に会い、高校生活から解き放たれた華の大学生活の話を聞いてしまうし、都会デビューした派手な姿で同級生たちがたくさん地元に戻ってくる。成人式にも連絡をくれる友人の電話にも出たくなくなり、僕は人に会うことも嫌になっていました。

そんな日を1年過ごしながらも、なんとか合格ギリギリのラインの学力をつけ、センター試験に臨みました。そのセンター試験開始後にふと頭に浮かんだのが「安全パイをとれ！」という言葉。試験前にすでに、医学部から歯学部に志望ランクを下げている人もかなりいました。ただ、この歯科大学は問題が容易な国語Iで受験しなければならず、そちらを選んでしまうと、もう他の医学部の二次試験には出願できない。点数の結果を見てから出願を決めることはできないのです。試験問題が配布された後、テスト開始寸前まで悩みました。

そして、僕は苦楽を比較し、「楽」をとってしまった。

得点は過去最高をたたき出し、合格判定は最高ランクの「A」。二次試験でもかなり手ごたえがあり、無事合格することができました。このときは親も喜び、仲間たちも5人ほどが合格し、僕も喜びのほうが大きかったことを覚えています。

ただ、このときは、後々これが次なる試練となることを想像していなかったのです。

楽をとらず、楽しいをとる

もともと医者の職種に近いことで入学した歯科大。少しでも医者に近い仕事内容と考えているだけで「手術をする口腔外科が格好いい」と寝言みたいなことを言ってました。授業は、大量の専門用語を暗記するばかりで、選択科目などなく、決められた科目を1週間ぎっしり受け、まったく遊ぶ暇もないルーティン。「大学は勉強しなくていい、楽しいところだって、聞いていた話と違う！」と素敵な勘違い野郎の僕は、お金や社会的地位を目的にし、歯医者として社会の役に立てることを志すこともなく、学生生活に耐えられなくなりました。バイトもろくに続かず、次第に外に出ることも嫌になり、本当に華のない歯科大生。僕は次第に大学に行かなくなり、引き込もりになりました。

田中角栄さんの本に、「どうせ両方大変ならワクワクするほうを選べ」と結婚する男性（嫁ぐ家）に悩む女性に対して助言するシーンがありましたが、まさに以前の僕に必要な言葉でした。苦しみばかりを考え、その苦しみから逃れたい一心での判断でしたが、やりたいこと、ワクワクすることであれば、もっと勉強も楽しめたし、他の道に視野を広げることもできたかもしれない。

「迷ったら、自分にとって難しいほうを選択しなさい」という言葉を耳にします。壁を乗り越える成長はあると思っていますが、本当に迷って苦しんでいる人には、「苦しいか、楽か、ではなく『楽しい』を選んだほうがいい」と思います。そのほうが、選んだ後も継

続しやすく、好きなことの発見にもつながり、また次に広がっていく。

ちなみにマーケティング戦略の中に「競争のルールを変える（ルールチェンジャー）」というものがありますが、視点をころっと変えてみる手も持っておいたほうがいいのです。

なんでもいいから自分から動く！

結局、将来歯科医をめざすモチベーションがない中で苦しい勉強を続ける気持ちにはならず、辞めることしか考えられなくなりました。

何かにすがりたい気持ちで、地元唐津市で唯一、相談しやすかった高校の同級生に電話しました。すると、遠方の大学に行っていた彼が唐津（当時は合併前の呼子町）に帰ってきているといいます。僕は、すぐ彼の実家である呼子の旅館に会いに行きました。深夜の大浴場で、「大学を辞めたくてたまらんけど、辞めても何もすることないし、また浪人になるつらさを味わいたくない」と悩みを打ち明けました。すると、彼から思いもよらぬ言葉が返ってきました。「俺、役場に入る。大学辞めるばい」、彼は当時４年生、卒業まで数か月。しかし彼の場合は、大学に行く意義より、大好きな呼子町のために少しでも早く地元に戻り、役場に入って地域のために働きたいという前向きな退学を決意していました。

彼はその後、見事に呼子町職員となりました。

彼の話を聞き、医療のことしか頭になかった僕は、公務員関係の資料を取り寄せ、読み漁りました。当時はインターネットが電話回線で今ほど普及していなかったのです。**昔、高校の三者面談で、僕が医学部といっているのに、父親が「公務員になってもらえるといい」といったことで喧嘩になったことも思い出しました。頭は父親の言ったとおりになっていました。**

「大学を辞めたい」

辞めたい気持ちと公務員に関心が出た僕は、実家に戻り、両親にそう伝えました。「辞めたらいかんよ！　辞めてどうするね？」当然の反応でした。とりあえず退学は踏みとどまり、「歯科大に休学届を出してその間に公務員試験を受け、駄目なら復学する」ということで承諾を得ました。

もう大学に戻る気のない僕は、必死で公務員試験の勉強をし、手当たり次第に公務員試験を受験しました。しかし、最後の面接でいつも不採用。本命の役場を残すだけになりました。

地元の唐津市は受験せず、隣の福岡県糸島郡二丈町（現糸島市）を受験しました。理由は、唐津市は大卒と高卒の試験が分かれていて、最初から身分に差がついていたこと（できる仕事内容に差がつくと考えた）、一方で、福岡県は伸び盛りで、隣町であるにもかかわらず、これから面白い仕事ができると思ったことです。

面接では、準備不足、珍回答など、今思い返すと、あまりにも悲惨でしたが、それでも「面白い奴をとってみたい」と意見を出してくださった面接官もいたらしく、結果は、6人採用のうち最下位で合格。ぎりぎりのラインで公務員になれました。

これから公務員になりたい人、公務員になったけれど悩んでいるあなたへ。なんでもいいから、少しでもいいから、自分から動くことが大事です。これは今、仕事でも実感しています。新しいことが起こるときは、いつも自分以外の外部や異分野からしか始まらない。今自分が持っていない外の資源を自分に使わせてくれているのだから。

向いてないから、辞めたほうがいい？

「この仕事に向いてないけん、辞めたほうがいいかもよ」

これが最初の頃の僕の評価。ここから僕の公務員人生は始まりました。

僕は当時、人口1万3000人の糸島郡二丈町役場に採用されました。7年目の先輩が、

「初めて年下（僕）が入ってきた」、というほどの小さな町。僕の後にも5年、年下が入ってくることもなく、知らない土地でひとりぼっちの気持ちでした。

ここで最初に配属された部署は生活環境課。課長が1人に、水道係と環境係にそれぞれ、係長と係員が1人ずついるような小さな部署でした。僕は環境係に配属され、係長と新規採用の僕、たった2人だけ。皆さんが家庭から出すごみの処理、リサイクル、下水の処理、狂犬病の予防、公害対策、墓地の許可、空き地管理など小さな町役場では担当業務が幅広く、深い知識をつけるよりは、広い知識を早く身につけて、迅速に仕事をこなしていかなければならない。

そんな状況のため、新規採用職員であろうと、4月1日からは、毎日かかってくるクレームの電話や現場対応。窓口にも次々にお客様がお越しになり、カウンターに立っても、わかるはずもなく、とうとう「全然窓口がわかっていない生活環境課、若い男性職員。税金の無駄」と投稿されました。町の公表資料にそのまま記載され、庁舎内、町民の皆さん、インターネットなどで公表されることになり、生活環境課に若手は僕ひとりしかおらず、「税金ドロボーってことか…」と相当凹みました。

入庁2か月ほどして、「県庁で補助金の申請ヒアリングがあるから行ってきて」と書類だけを持たされ、意味がわからないまま県庁に行きました。県職員から「計画書期限が切れていますよ。二丈町は補助金いらないんですか？　5年分でいいから、2週間で計画書を作ってきてください」と。すぐに役場に戻り、意味がわからないまま作ることになりました。

とにかく時間がないので、すでに期限が切れていた10年前にコンサルに作ってもらった計画書を見よう見真似で作ったり、時間外にも関わらず、わからないところを県の担当者に電話をかけまくって聞いたり、勤務終了後に他自治体の担当者に時間をとってもらって聞きにいったり、新規採用で訳がわかっていなかったからできたことですが、かなり無理なお願いばかりをして周りに迷惑をかけていました。

そんな人たちのおかげで、なんとか5年分の計画を作成。そして関係部署の幹部に集まってもらい、提出前に意見をもらえることになりました。

しかし、会議では百戦練磨の幹部たちにコテンパンでした。会議が終わり、出口で「お前のせいで俺が怒られたろうが！」と幹部のひとりからの言葉。つらくて、悔しくて仕方がなかった。もう堪えきれず、上司と2人で現場に向かう車中、「仕事向いてないかもしれないです。辞めたほうがいいですかね」と口にしていました。「そうね…、若いうちに

次の仕事を探したほうがいいかもしれんよ」、と転職を勧められました。毎日、相当つらい顔をしていた僕を見て、上司も僕に何かあってはいけない、限界だと感じていたのかもしれません。

彼はそんな僕を傍でずっと見てくれ、飲みに誘ってくれました。そして「これまで随分部下を見てきたけど、あなたの努力と成長は凄いと思った。別の課長もあなたは将来きっと大物になると言っていたよ。いつかあなたを推薦できるタイミングが来たら一番にあなたを推したい」そう言ってくれました。

しかしそれでも、毎日がつらく、当時は、本当に辞めたくて仕方がなかった。いかに辞めるかを考える毎日でした。

だれかが見てくれている

そんな僕を助けてくれた人たちがいました。ある上司がいかにもつらそうな姿を見かねて、帰る私を呼び止め、話を聞いてくれたのです。尊敬する彼でさえ、「苦しくてたまらず、当時の未熟な俺にはどうしようもなく、とうとう上司に向かって椅子を振りあげてしまった。**それでも自分ができる精一杯を続けていけばいい」**と経験を話してくれ、これから僕がどうしていけばいいか多くのアドバイスをいただきました。その後も心配して、励ましの手紙をいただき、つらくなるたびに何度か読み返しました。15年前のその手紙を今でも大事に持っています。

そんな僕を助けてくれた人がもうひとりいました。

当時は合併前で、別の自治体にも関わらず、「困ったらいつでもいいから来い」と言ってくれた先輩です。入庁したばかりで難しい設計書や計画書の作り方がわからず、困っている僕の状況を知り、嫌な顔をせず丁寧に書類の作り方を教えてくれました。それから年末になると、まだペーペーである私に電話をかけ、「だれもお前を誘ってあげる奴おらんやろうけん、俺が誘ってやるたい」と2人で仕事納めに飲みにつれて行ってくれるような人でした。

今の自分が当時の彼と同じ年になりましたが、別の自治体の新人職員に対してそこまでしてあげることができる器量があるかと考えると、本当に敵わないと思います。

その7年後に、彼ら2人が上司になり、僕が担当者として一緒に仕事をさせていただくことになり、僕の公務員人生を変えるワクワクする仕事をたくさんさせてもらえることになるのです。

先輩方が僕を引き寄せてくださったに違いないと思っています。「捨てる神あれば拾う神あり」、きっとだれかが見てくれているのです。

だからあなたも辞めないで

若手公務員の皆さん、「明日にでも辞めたい」と考えながら、苦しんで仕事をしていませんか？　本当は、仕事自体は嫌じゃない、むしろ地域やお客様の役に立ちたいと思っているにも関わらず。辞めたいとまではいかなくても、「やりたい仕事ができない」、「人間関係がうまくいかない」、さまざまな理由で苦しみ、やりがいを失くしてしまいそうな人たちがいるかもしれません。

むしろ、転職できるような優秀な職員や、そこまで仕事のことを考える、あなたのような人が辞めてしまう、アイデアを提案できない、実現できないことは地域に新しい価値が生まれる機会を失い、組織にとって最大の損失です。

上司はマネジメントの仕事に比重が移り、皆さんのような若手職員に仕事をしてもらわなければ成果を挙げることはできません。組織にとっても、上司にとってもあなたは大切な存在。計画や希望をもって転職に挑戦するのであれば応援しますが、命の危機を感じない限りは、後ろ向きな転職をせず、やる気を失くさないでほしいのです。

こんなに弱くて、コンプレックスだらけの僕でも、「糸島市にこんな職員がいることは誇りだ」とおっしゃっていただけることがありました。ここで、恥ずかしい、暗黒時代の僕をさらけ出したのは、今、入庁間もなくして公務員を辞める人が多く、そんな人たちに少しでも前向きな選択が増え、少しでも僕と同じ境遇の人に参考にしてもらえればと強く思うからです。

それに僕が20歳くらいのとき、先に紹介した唐津の同級生のお父さん（老舗旅館の料理人）と話していたとき、「職人の世界は不器用な人のほうがよかですよ。一生懸命頑張ります」と言われたことがありました。不器用だと思い続けてきた自分は**「嫌なことを良いと思う逆転の発想」**が心に響きました。そして、頑張り続けるために、**コンプレックスも個性のひとつとして大事なもの**であると思うようになりました。そもそもコンプレックスがない人なんて少ないと思うし、なかったら、ここまで頑張れなかったかもしれない。だから今は、失くさないように大事に持っておこうと思っています。

また、本で読んだのですが、**功績を残したトップアスリートはみんな大きな挫折を味わって起き上がってきた、という共通点がある**そうです。トップアスリートと比べるのは僭越ですが、それでも自分の置かれた場所で目の前の人のために必死で働いていると、生きる道が見えてくる。

仕事が嫌いじゃないなら、だれかのために働けているのであれば、きっと道は開けます。「辞めたほうがいい」と言われた僕が第一線で力を発揮できるようになるまでに、手に入れてきたスキルや経験を、あなたに受け取ってもらうためにこの本を記そうと思いました。最後まで読んでいただき、「何かできるかもしれない」「楽しめるかもしれない」と、あなたに、そう思ってもらえますように。

コンプレックス塊人だからMBAが欲しかった

入庁当時、人口約1万3000人の小さな町役場でも、おおむね50歳より若い人は大卒ばかり。みんな法学部や経済学部などを卒業していました。**「自分は何も持っていない。自分もきちんと勉強したい、コンプレックスを消したい」と思っていました。**そんなとき職場で回覧された雑誌に載っていた一冊の本に惹かれて買ってみたのです。それが後に、大学院の講義で、ご本人に指導いただくことになる慶応義塾大学・上山信一教授の『自治体DNA革命』でした。当時福岡市の行政改革委員をされていたときの活動をまとめた本になっています。採用されて3、4年が経ち、日々の業務にただ追われながら、前例どおりに決まったことを、早く、失敗しないようにやることで一人前を気取っていた僕は、この本を読んで、役所内の仕事を評価・改善し、職員が次々に新しい事業を考えだし、組織が変わっていく様子に「すごい！」と電撃が走りました。

上山先生は、ご自身もMBA（Master of Business Administration= 経営修士。この頃海外では経営のスペシャリスト・エリートビジネスマンの称号になっていた）で、世界的コンサルティング会社、マッキンゼー・アンド・カンパニーを経て大学で教鞭を取られ、大阪府・大阪市特別顧問、東京都特別顧問として橋下徹さんや小池百合子さんの行政改革を支え、事務も並行してこられた人です。

ここで初めて、コンプレックス解消と公共経営に民間の手法を持ち込むことがピタッと合わさり、ぐっと引き込まれた瞬間でした。

なぜMBAを選択したか

1995年に三重県の北川正恭知事が行政評価を導入し、民間経営学が行政分野に入ってきていました。「最近、行政学は経営学に押されてるんだよね」と、行政学の教授が研修で話すほどになっていたのです。

僕は経営に関心を持ち、ビジネス書を読み漁るうちに、経営や経済、会計の仕組みをとてもわかりやすく説明されている小宮一慶さんの本に出会いました。政治や行政の分野に対して、経験をされていないにも関わらず、ご自身の考え方を述べられていた内容が的確で、感銘を受けるところが多く、経営の根幹は行政も変わらないと思えました。銀行員時代に自費で海外の大学院でＭＢＡを取得され、その後は起業し、経営者の先生として飛躍的な活躍をされておられ、自分も彼のようになれるものなのか、と公共経営に民間経営を組み合わせていくことにさらに関心を持ったのです。小宮さんの言葉**「なれる最高の自分になる」**は、仕事においても、家庭においても、地域においても、能力だけでなく、人間性を高めるための私の座右の銘です。

このような考え方で仕事をしだすと、現場でも、公会計制度、ＰＦＩなど民間経営手法の波が押し寄せてくることを実感することが増えました。さらに今は、ＩＴ教育、ベンチャー支援など、同じ教育、産業などを昔と比較しても、民間セクターと一緒にやらないとできない仕事が増え、新しい知識、専門性を高めなければついていけない時代になっています。

だからこそ、公務員が能力を高めることで地域貢献できる度合いも大きくなり、他の自治体職員と同じ担当をしていてもサービスに差がつくのだと考えるようになりました。それに自治体職員である以上、いつどこに異動になるかわからない。どこに行っても使える能力が欲しいと思ったし、今のうちに自分に投資し、もっと能力を高めて、自分にしかできない仕事を企画・実践できるようになりたい、それによって自分のいるまちに貢献したいと強く思いはじめ、「公共経営に民間経営手法を活かす」ためにＭＢＡを取得することを決心しました。

しばしば「公共政策大学院とどちらがいいですか」と聞かれます。私は異分野、そして民間の人脈ができるということで経営専門大学院を選びました。修了後も人脈が増え続けています。

ビジネススクールには入れなかった

自分の能力ひとつで、他の自治体職員と同じサービスをよりよくできる、と思った僕は、いよいよ経営を学びたくて仕方ない。唐津から福岡に出てきてよかったことのひとつに、福岡には九州の国立大学で唯一ビジネススクールを持つ九州大学があります。ＭＢＡを取得するためにはビジネススクールに行かなければならない。世界の最先端の経営手法を九州の優秀なビジネスマンたちと一緒に学ぶことができるとワクワクして、資料を取り寄せたり、ネットで調べ回ったり。が、ここでまた壁に当たってしまいました。

「えっ？　修士課程って、大卒しか入れない!?」

ビジネススクールは正式には専門職大学院と呼ばれ、れっきとした修士課程（九州大学大学院経済学府産業マネジメント専攻）、つまり、受験するには学士（大卒）の資格が必要なため、歯科大を中退した僕には受験資格がなかったのです。

ちなみに、医学部や歯学部は６年制で学士と修士が一体化したような仕組みになっており、大学院は博士課程しかなく、まったく仕組みが違います。

でも僕はあきらめなかった。目標のビジネススクール入学に仕事をしながら効率的に辿り着くため、通信制の大学を調べ、全国の大学から入学案内を取り寄せたりしました。通常の国立大学の学費と比べ、４年間の学費が破格の金額で、全国他大学の一流講師陣の講義、幅広い分野を選択して受講することができ、加えて教科書も素晴らしい内容であったことから放送大学を選択。私の場合は、体育の実習などを含め、教養科目が歯科大時代の単位互換により、ほとんど免除してもらうことができ、通常より学費も時間も節約できました。**マーケティングや財務、人事など経営学の科目もかなり充実していて、学部レベルの基礎から経営学を勉強できて本当によかったです。**

実は、このときテレビ画面で統計学を学んだ慶応義塾大学の渡辺美智子教授と、8年後に、同じパネリストとして六本木で開催されたRESASフォーラムで肩を並べて登壇することになるとは思ってもいませんでした。これまで大学が通信制だと馬鹿にされたこともありましたが、日本のトップレベルで活躍されている先生から学べていたのかと驚き、彼女のおかげで、大人になってから真剣に学ぶことができてよかったと思えました。楽屋では今後の進路相談や人生相談まで乗っていただくことができました。

渡辺先生以外にも、この通信制大学の先生方には、後に博士課程の相談をさせていただいたりとお世話になりました。改めて面談を申し込みたいほど、全国的に有名な先生方ばかりだったなと思います。本当にお勧めです。

自分の土台をしっかり固め、力を磨き続ければ結果は後から返ってきます。

そして4年間、仕事をしながらの大学生活を終えて無事に卒業。ビジネススクールの受験資格を得たのです。受験のために昼休みに英文法の本を読んだりしていたので、職場で「何やっているの?」と不思議がられていました。しかし、**数年の努力は実り、九州大**

学ビジネススクールに合格。ケーススタディと呼ばれる実践形式の授業では、仲間たちと侃々諤々《かんかんがくがく》の議論をし、仕事の傍ら、夜間・休日の厳しい時間管理でしたが、2年間楽しく勉学に励むことができました。

通信制から含めると、合計で6年間も学ばせてくれた妻には本当に感謝しています。僕がコンプレックスを抱えていたことも理解してくれていました。この時間が間違いなく、今の自分をつくっているので、妻が僕を育ててくれたといっても過言ではありません。

周りにもMBAに興味があって二の足を踏んでいる人が何人かいましたが、いくつになっても、**自分が学びたいときに学ぶのがベストタイミング**だと思います。

堂々と「公務員です」と言いたい

その後も、九州大学ビジネススクールの卒業生でその年に最も活躍した人に贈られる「QANアワード最優秀賞」、「地方公務員が本当にすごいと思う！地方公務員アワード賞」など次々と賞をいただきました。

正直、組織内ではよく思わない人もいると思いますが、僕は公務員ももっと堂々とまちの一員として働けるようにしたい。現実は、公務員は肩身が狭いです。「仕事をしない」「民間では通用しない」などイメージが悪く、地域の人たちと、仕事としても、住民としてもどこか壁を感じるのです。

しかし、まちのために働く公務員が元気のないまちに、元気な地域があるはずがない。活性化しているまちはそこで働く職員に活気があります。

現状維持は衰退と同じ。世の中のサービスは、成長した後、最終的には消滅していくライフサイクルがあります。現状維持ばかりの経営をすれば、時代に合わなくなったり、競争相手が伸びてきたりして、自分たちはいつの間にか衰退の一途。私は政策や公共経営も同じだと考えています。前例踏襲が続き、昔の制度のまま変わらないよ

地方創生☆政策アイデアコンテストで全国486組から最優秀賞に選ばれ、
地方創生担当大臣から表彰を受ける著者

うな状態が続くと、時代に合わない行政サービスが残り、新しい政策や民間サービスの登場で自分のまちが相対的に衰退していく道をたどってしまう。そして財政が厳しくなると真っ先に職員の給料がカットされ、気づけばみんなが手遅れ状態に。それではいけません。

だから、もっと公務員のイメージを変えて、堂々と「公務員です」と言いたい。地域と一緒になって言いたいことを言い合い、対等にまちづくりができれば、多くの公務員がチャレンジできるようになり、もっとまちは活性化します。

その一助になるのであれば、嫌われたって賞はもらいます。

はどうかなど、考えやすくなります。

受付から後対応まで自動交付機に変えてみよう、と考えれば、1人当たり19分減らすことができる。コストも380円減らせるなど効果もわかり、導入後もどのくらい時間とコストが減ったか検証ができます。

まずは1台リースして1人当たりの時間を検証してみるなど、小さく始めることもできます。

連鎖を考えることで「待ち時間が短縮されるなら、マイナンバーカードを作る人が増える」「慣れれば同じ人が2回目はコンビニ交付に行く（後対応が減る）」「広報活動も口コミに変わることで回数を減らせる」など他の効果にも考えが及びます。

●自分の仕事で、連鎖を考えてみましょう。

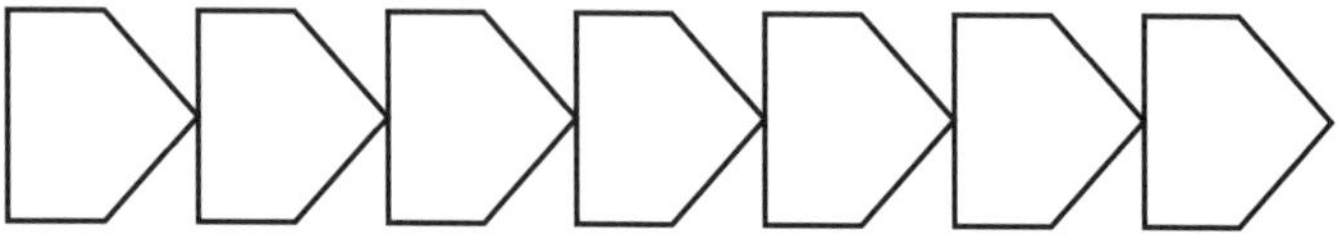

時間（分／人）							
費用（円／人）							

費用のほかに利益を入れて、どこで最も稼ぐことができているのかなどを調べることもできます。費用対効果という言葉だけが先行して実際の把握ができていないことも多いのではないでしょうか。

ぜひ、数字で費用対効果を考えてみてください。

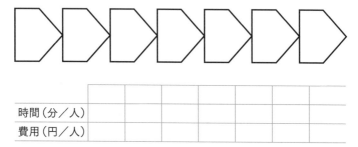

ＭＢＡミニ講座⑦

仕事の流れを分けて「費用対効果」を見える形に！

●流れを鎖に分けてみる

分解の大切さを何度も書いてきましたが、ここでも別の分解手法を紹介します。皆さんの仕事の流れでは窓口や工事などルーティンの流れがあると思います。これを鎖で繋がれたように、項目ごとに切ってみましょう。

例えば、住民票の交付事務を考えてみます。

インクや用紙の調達事務、案内や受付業務、アフターフォロー、広報活動など事務の流れを切ってみます。そして、それぞれにかかる時間や機材費、人件費などの費用を入れてみます（例えば年間顧客１人当たりなど）。数字はダミーです。

住民票の交付事務

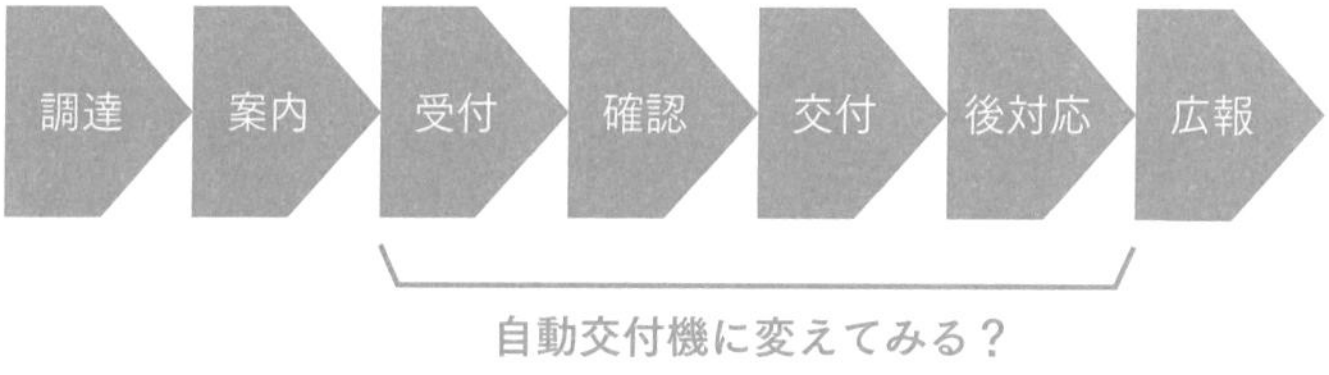

顧客１人当たりの時間と費用

	調 達	案 内	受 付	確 認	交 付	後対応	広 報
時間（分／人）	1	3	5	2	2	10	1
費用（円／人）	20	60	100	40	40	200	10

何に最も時間やコストがかかっているのか、流れを変えてみてはどうか、１つに統合してみてはどうか、部分的に外注して

ブランド推進係の仲間。三身一体の仕事で、
プライベートでも一緒に飲みに行く上司・部下の関係
（左から長谷川奈美主幹、岩田英昭課長補佐、著者）

第8章

公務員としてのモチベーションを上げる

～お役所リミッターを外す

まず自分の強みを見つける

自治体職員になった人に向け、企画を作るときの分析手順や戦略の立て方、実際の仕事での進め方など実務事例に沿って紹介してきました。

最初にも述べましたが、最も大事なことはあなたにスキルを残すことです。だから単なる事例紹介にならないよう、立ち上げの経過や考えをふんだんに盛り込んだつもりです。特に公務員は民間企業のように資本家となって働かせる側に回ることは困難ですから（役所を自分で創業するわけにはいかない）、組織において自分のスキルを磨き続けることがキャリア形成においての柱戦略になります。まちづくりでも戦略を立てるように、自分の強みをしっかり分析して、自分のポジションを決めて戦略を立てましょう。

強みは自分が仕事の中で得意、好きなことから見つけます。すぐにわからない人は自分の過去を思い返してみましょう。僕は入庁したときから提案することが好きでした。役所の予算の流れもわからないまま、積極的に改善策を上司に提案していたし、予算がなくても効率化できそうな業務は好きで自主的にやっていました。

今はやっていませんが、小・中学生のときには将棋が大好きで、日曜日はＮＨＫテレビをつけ、将棋盤を出してプロの棋譜を真似て練習していたし、学校の帰りに図書館で本を借りて家で練習していました。しかも仕事で疲れて帰ってきた父に毎日対戦を挑み、嫌がる父に無理やり相手をさせていました。学びと実践を繰り返し、戦略的なことを考えることが大好きでした。

役所に入ってから、経営戦略の本を読むととても楽しくて、経営関連の本ばかり読むようになりました。行政職員はほとんど法律、政治、行政、経済といった学部を出た人が多く、民間の経営に関心があって学んでいる人は周りにはいませんでした。だれも公共政策に経営学を持ち込むなんて思わないし、自分がこの分野ではだれよりも能力を伸ばせて、仕事で役に立てるかもしれないと思えたのです。

人と話すことが得意な人はクレーム対応、接客、人材育成力を鍛えるのもいいし、定型業務が好きな人は法律や財務、税務で税理士などの専門資格を取るのもいいでしょう。ただ、その分野ならトッププロ公務員になれそうな分野を選ぶべきです。

好きな度合いでいうと、自腹でも、休日でも参加しているほどのセミナーがあるなら、その分野を学ぶといいと思います。僕も大学院は自費で行ったことで学ぶ効果も高かったと感じています。自費で行くほうが、それを活かしたいと考えるため、卒業後も学びの継

続や実践活動のモチベーションが高まりました。ビジネススクールの場合は、民間企業の人であれば教育訓練給付金が支給されるので、チャレンジしやすくなっています。ぜひお勧めします。

また自分の担当に関する研修を希望する人が多いと思いますが、僕が若いときは自分の部署とは関係なく興味のある分野の研修を希望していました。そのせいで、研修に行くと周りから浮いていましたが、その積み上げが今に活きています。自治体職員である以上、いつどこに異動になるかわかりません。自分にしかできない能力を身につけて、どこに行っても使えるスキルが欲しいと思っていました。

これまでの人生で関心が高かったこと、好きな分野のほうが努力が継続するので、ただ得意だというだけでなく好きだということは他人との差別化要因になり得ます。僕が呼んでいただける講演でも、公的なものより自主勉強会のような参加費を払って学びに来ている人たちの中から、その後も実践で継続し、ついにはご自分が講師になってしまわれた人やコンテストで賞をとるような実績を出す人が多いようです。

安岡正篤さんの本に、思考の三原則があります。安岡正篤さんはこれを木に例えて教えてくださっていて、僕たちの仕事でも同じように考えることができます。

木の根幹は**「何のためにやるのか」**という目的です。あなたがこれから伸ばしたいスキルは「何のためにやるのか」を最初にしっかり考えておくことが重要です。どういう存在になって自分がだれのためにに役立てるかをイメージできるものでなければなりません。

次に、木は**長く伸びるかどうか**を考える必要があります。例えば「この勉強は自分が好きで、長く続けることができるのか」「この分野のスキルは人工知能に簡単に置き換えられて需要が減るのでは？」と考えてほしいと思います。木を植えるときに、長期的に見てもちゃんと伸びていくことができ、数年後にも必要と思えれば、流行や思いつきではなく自信をもって実行できます。

最後に枝葉を考えます。最初から、細かい制度や費用、だれかの承諾が得られないなどをあれこれ考えるのは無駄です。できない理由から始まって、本来の根幹が見えなくなってしまいます。まずは、目的がしっかりし、長期的に見ても必要だと思えば、前向きに考え、枝葉は最後に修正すればよいのです。

なりたい人を見つけて真似る

僕は入庁当時から6つ上の先輩の考え方、行動を真似てきました。今も一緒になったときは彼の仕事を観察しては話を聞いたりしています。

真似るときには年上過ぎないよう10年以内の人のほうが適切です。仕事内容や世代的な考え方も近くいろいろと理解しやすいですし、相談しても少し前に経験しているので新鮮な意見が聞け、上の世代ともつないでくれます。また定年60歳としても、ずっと10年先のことを自分が50歳まで学ばせてもらうことができます。たまにＯＢに仕事のことを尋ねに行く人もいますが、現役の人を真似るべきです。今の時代に現役選手として活躍しているということは大事な要素です。

人を真似る理由として、成長の近道ということもありますが、プラス思考に入るという理由もあります。自分の強みを伸ばすということを書きましたが、強みを伸ばすためには、その分野の先駆者たちを真似たほうが効率的です。しかし、少し自分のプライドが勝ってしまうと、相手を見たときに「なんだ俺のほうが」と批判したりして、あいつに勝ったと自分に思い込ませるマイナス思考になっていまいます。僕が講演のときにも同じようなことを感じるときがあり、せっかく学びにきているのにもったいないと思ってしまいます。成長していくパターンの人は「この部分を真似よう」と考えるのです。「知行合一」という言葉もありますが、知識だけでなく実践できてきないことを一つでも真似て自分のものにしていきましょう。

IQの高い人やいろいろな分野で特技を持っている人もいるし、講演などで同じような分野で強みを持つような人たちと知り合いになりますが、どう考えても自分より賢い人ばかりです。だから自分の知識やスキルの低さにいつも不安です。

でも勉強し続けるしかありません。本を読むのもそのひとつです。

本を読む

本は絶対に読んだほうがいいです。何十年もすればかなり知識と意識に差がつきます。皆さん仕事で忙しくて読む暇がないという人もいるでしょう。いまは電子版があるので移動時間、待ち時間などの空き時間を有効に活用できると思います。僕はいつもバッグに本を入れて持ち歩いていますが、それとは別に入庁当時から続けていることがあります。

毎日、昼休みは読書や勉強に時間を使うということです。もちろんきついときには休みますが、昼休みのおかげで読書の他にも大学院のレポートや講演資料の作成などの時間を捻出できています。

早い時期に習慣にしてしまえば、単純に計算しても、1時間×20日／月×12か月＝240時間、20年続ければ4800時間になります。40年で1万時間。退職したときには達人になり、そのスキルを退職後も社会に還元できる力を得ることができるかもしれません。たかが昼休みだけでも、今40歳の僕でさえ、まだ60歳まで20年分も勉強できます。本から多くの知識を得ることができるのです。その分野のトップで活躍してきた人の考え方などを読み、知識だけでなく意識も高めることができます。経営のことをまったく知らなかった僕も、最初は難しくて入門書ばかり読んでいましたが、だんだん専門性の高い本でも難なく読めるようになってきました。ほとんど小説は読んだことがなく、読みたいと思える経営、自己啓発関連の本だけを読んできました。

自分が雑誌の寄稿、本の執筆などをしてきてわかりましたが、特に単著で本を書くということは全身全霊をつぎ込むことです。読んでくださる方のことを想い、少しでも何か読者に残せるものをと考えて、これまでの経験や気づき、得てきたスキルを惜しみなく書きます。出版社の担当者に「本は岡さんの分身です」と言われましたが、本当にそれほどの苦しみの結果生み出すものでした。それもあって本は電子版ではなく、いつも著者がそばにいるという気持ちで紙の本を買うようにしています。

もちろん本だけで理解しにくい部分は講演会だと補足できますが、講演で何度も聞くより、その人の本を何度も読んで部分的にでも実践してはまた読み返してみる、といった方法のほうが自分の力が伸びていくのがわかると思います。本は10回読めば、1回150〜200円。セミナー1回と比べると安いものです。

一度僕の講演を聞きに来てくれた九州財務局の知人は、資料や本を見ながら仕事で実践し、不明な点はアドバイスを求めるといったことを繰り返し、今ではご自身が全国へ講演されるようになり大活躍されています。震災後、熊本を盛り上げようと公務員、会社員、主婦、学校の先生など官民連携でつくった（一社）KumamotoTurbo（熊本ターボ）は4年間も私を呼んでくれ、資料を復習してくれています。ワークショップ形式の講演と政策立案の実践活動を並行して地域の方々と一緒になって活動され、素晴らしいことに、政策立案コンテストで九州経済産業局長賞を受賞し、全国大会で準優勝の実績を残してくれました。

僕は自治体をもっとチャレンジできる組織にしたいと思っています。自分がチャレンジしたことが実現できる楽しみがわかったときに、今の仕事がどんどん楽しくなったからです。

ビジネススクールには企業役員や大学病院の教授なども来ます。50歳を超えて、その地位にしてなぜだろうと思っていましたが、理由は「もっと組織を変えたい、よくしたいので学びに来ました」ということでした。経営はそれほど困難なことで、その年齢になってその地位になり、結局最後はそこに行きつくのだと思いました。

今僕は自分の担当業務で成果を出せば役割を果たしているのかもしれませんが、楽しい組織にしたい、特に後進の職員が楽しい仕事だと思ってもらえるようにしたいという気持ちが強くなりました。末端のヒラ職員の僕にできることは、仕事として組織の中で新しいことに挑戦し、道をつくっていくことです。だからボランティアではなく、仕事として組織の中でチャレンジすることに意義を感じ、事業を起こすことにこだわっています。

働き方改革が注目を浴び、公務員の業務時間外の副業や地域活動でまちおこしをすることが流行っています。僕自身も神楽師、ＰＴＡ会長や講演活動、執筆活動など本業以外の活動をしています。大学院にも自主活動で行ったことで知識も人脈も広がりました。

ただ僕は「職場で通らないから、組織外で、自分でやったほうが早い」「組織は動かないから、仕事外で楽しいことをしよう」とならないようにしています。

組織の中で新しいことにチャレンジできれば、組織を変えるまでならなくとも、若手がそれを見て「自分もやってみよう」「やってみて楽しい仕事ができた」と思ってくれるかもしれません。そして困っている人たちの課題を解決しようとする人が増え、市役所が頼りにされる存在になっていくと思っています。できるだけ勤務時間外は、子育て、余暇など貴重な時間を自分に使い、勤務でめいっぱい楽しんでもらったほうがいいです。

執筆の副業許可も糸島市では初めてのことで、すぐに許可は出ませんでした。一切、報酬をもらわずボランティアでやるほうが早かったし、気も楽だったと思います。しかし、それを見た糸島市の職員たちはどう思うでしょうか。次に書く人も許可が下りなくなり、「うちの職場ってやりにくい」「仕事外でやったほうが早い」と組織への帰属意識も薄れ、仕事のやりがいまでなくしてしまうのではないでしょうか。

組織の中でできることはなるべく壁を突破するほうを選んでいます。そのほうが、自分の通った後に花いっぱいの道をつくることができます。荒れたままにして、どこか抜け道に行くより、みんなが安心して、楽しく通れる道をつくってあげたほうが何十年先も役に立ちます。**自治体職員は組織の中でもやれる**、という雰囲気をつくっていきたいと考えています。

お役所リミッターを外す

自治体職員にお勧めしたいのが、新しい仕事が生まれそうなとき、これまでの常識は一切無視して、自分が「市長ならどう思うのか」で判断することです。「一つ上の役職で考えなさい」と解説する本もありますが、課長や係長の気持ちより、市長の気持ちになるほうをお勧めします。そうでなければ、組織全体、市全体より、自分の所管する部署の視野で考えてしまうからです。それだと他部署との仕事の押し合いになり、だれのためを考えているのかわからなくなってしまうので、自分が仮になんでもやれる権限を持っていたらどうしたいのかを先に考えるべきです。前例やできない理由を最初から考える必要はありません。４年間何もしないまま前例踏襲する市長は少ないのではないでしょうか。

市長の立場で考えた後に、越えなければならない制約や慣習を考えればよいのです。担当職員は、仕事で喜んでもらい、認められて「報酬」をもらうチャンスです。機会は平等に振ってきていますが、気づいてチャンスにするには自分が掴むしかありません。これまでの常識で、できない理由を先に考え出し、せっかくのチャンスを逃すのはもったいないことです。一定の基本知識を身につけた自治体職員であれば、できない理由はだれでもすぐ思いつきますが、できる理由を考えることをしなくなるのです。

　これは研修に参加するときも同じです。自分の仕事に活かすために来ているのに、なぜか「私の業務ではできません」とできない理由を口にし、「何かチャレンジしてみよう」という思考にならないのです。教えるほうも自分から情報を出しにくくなってしまいますので、結果的にご本人は損をしやすくなります。実にもったいないことです。**とにかくできない理由は後にして、できることから考えましょう。**

　自分が市長のつもりで必死になって考えたのなら、上司に説明することもできるのではないでしょうか。そんな気持ちで上げた意見であれば、上司も市長も「やれ！」と言ってくれる可能性は高いはずです。または、方向性を示してくれたり、修正点を指摘し、うまく行くように導いてくれるでしょう。市長も知らないところでやりたかった事業がつぶされていたり、トップダウンで指示したりするより、ボトムアップで上がってきた事業に自分の意見を述べるほうが嬉しいことは容易に想像できます。このことで市長と直接お話しした際、「どんどん提案してくれ。責任はいくらでも俺がとる」「管理職は、そんな職員をつぶすようなことだけはしないでくれ」と言ってくれました。少し上の先輩（上司）に相談したときにも「俺らは部下に仕事してもらってナンボ。自分でやれない寂しさはあるけど、部下を活かさないかん。自分でやってても仕方ないやろ」と断言されました。このように、これから現代的な考え方の管理職が増えていくはずです。若い職員はチャンスが増えます。

バブル時期の管理職が若いときの経験だけで退職まで乗り切る例えに見られるように、上に行くほど勉強しなくなるのが日本企業の特徴だそうです。実際に海外の企業より日本企業の管理職の人材育成費は少なくなっています。自治体も同じで、２０００年の地方分権一括法が施行されるまでは国に決められた仕事をするだけでしたが、その前後に入って自分たちでまちの施策を考えて来た人たちが今、管理職になりだし、学ぶ意欲が強い気がします。

まずできる方法を考えてみましょう。できない理由や前例がないといった、お役所リミッターをはずせば、いきいきと仕事ができ、まちに新しい活気が生まれます。個人の能力も

伸び、仕事の楽しさも感じることにつながります。

喜んでもらうと自分の居場所ができる

人に喜んでもらえると自分の居場所ができます。普段の仕事でも思いあたる節があるのではないでしょうか。たまたま異動でその部署の仕事をさせてもらい、喜んでもらうことで、異動した後も頼りにされることや寂しいと言ってもらうことがあったり、関わった人たちのイベントには休日プライベートで顔を出したりすることがあると思います。自治体職員は仕事をしながら、地域に自分の居場所がつくれるのです。

僕も仕事だけでなく、熊本に４年間講師で呼んでいただいたことで、居心地のいい場所ができました。リピーターとして、「また」お声かけいただけることは大変ありがたいことです。家庭でも同じでしょう。家族に喜んでもらうことで自分の居心地のいい場所になっていきます。

これまで壁にあたりつらいことも書いてきましたが、そのときどきの地域の人たちに喜んでもらいたいという気持ちで動いていたことはわかっていただけたと思います。厳しいことを言われた人もいますが、そのときに喜んでくれた人たちが温かく迎え入れてくれます。窓口一つでも同じです。仕事であればだれかが喜んでくれているはずです。ときに忙しさや苦しさで忘れがちな人たちのことをはっきり思い返してみましょう。その部署で自分のできる精一杯をやれば、どの部署でもきっとあなたのことを見て頼りにし、喜んでくれる人ができるはずです。

一番近くの人を大事にする

第3章で、日頃から、若いときから近い人たちを大切にしなければならないことを述べました。これは社会人1年生のときに何を一番気をつけるかを父親に聞いたときに返ってきた答えでもあったので鮮明に覚えています。

僕はそれを忘れないために、月1回は自分から職場の人を誘って飲みに行くようにしています。声をかけてもらうことや職場の飲み会が多いこともあるので完璧ではありませんが、おおむね達成できています。

他にも講演活動は月平均2回まで、準備まで含めて100時間を上限と決めています。それは近い人たちを最も大事にしたいからです。自分の経営する会社がうまくいかなくなる人には、外の講演活動にかまけて職場がおろそかになった人が多いようです。何人もそのような話を聞いたり、実際に僕が講演に行くとき、「職場の理解は大丈夫ですか」とたびたび尋ねられます。そう聞かれるということは、そう思う人がそれだけいるはずです。本人が大丈夫と思う意識と相手には乖離があると思いますので、そうならないよう客観的な数字で自分に線引きをしています。

一番近くの家族や友人は、当然皆さんの感覚で大切さがわかると思いますが、僕は仕事において職場の人の大切さを実体験しました。出向させてもらったときに職場の恋しさを思い知ったのです。2年間外にいて、たまに市役所に戻ると居場所がなく寂しい気持ちになります。あなたの職場でも、たまに出向者が戻ってきて行きやすい部署に顔を出して長居しているのを見かけませんか。きっと寂しいのです。このときに「おお〜、よく帰ってきたね。コーヒーでも飲もう」「これ前はどうやってた?」「今度係で飲み会するけど参加しない?」など忙しいなかにも、わざと時間をつくってくれる職員が何人もいました。**そんな人たちは、自分が政策を立ちあげるとき、困ったときに助けてくれる大切な仲間です。**

そのおかげで僕は、多くの政策を実現することができていると自覚しています。

「仕事の原動力は何ですか?」と尋ねられることが増えました。人の役に立ち、必要としてもらえることは最もうれしいことです。しかし、何より自分が仕事を楽しんでいます。

自分の強みを探して、役に立てる力を伸ばすことは、結果的にあなたが一番輝ける場にたどりつくはずです。

前著で「自治体職員は教育、環境、福祉、産業なんでも幸せにできる仕事」だと書きました。そのような意味で、自治体職員は入庁してからどんな分野でも輝ける可能性がある職業です。僕もマーケティングや戦略といった経営学を学んだことで出版までできるとは思っていませんでしたし、全国の自治体職員にはデザイン、会計、ITなど専門的な分野で活躍されている方もいます。

ただし、真剣にならないと楽しむことはできません。それはゲームでも趣味でも同じです。自分の好きな分野、得意な分野を探したら、その部署の仕事を真剣に取り組んでみましょう。僕自身、さまざまな場所に異動してきましたが、どの部署でも楽しいことを探し、得意なことが活かせました。僕は向いていないと思う定型業務でも、改善する方法を探すなど自分で楽しみをつくっています。それは本気で取り組まないと、毎日支障がない程度に仕事をこなしていてはできません。アンテナを立て、問題意識を持ち、どうすれば改善できるのかまで考えてみましょう。何十年もだれも手を出さなかったことに、自分で改善策を考え、改善するための予算まで提案してみるのです。本書でどのような分析や政策提案をしてきたのかも参考にしてもらえればと思います。そして、実践に移ると壁が立ちはだかり、計画どおりにいかないことも書いてきました。でも、そこまでやって仕事の楽しさにたどり着くはずです。

いつもあれやこれが悪いと言うだけになったり、研修に参加しただけで自分から動いていないことに心当たりがある人もいるのではないでしょうか。自分が改善しようと行動を起こすまでに本気で困っていなかったり、好きな分野でないのかもしれません。

自治体職員が担うサービスは他の仕事と違い、まちにひとつしかありません。会社でも、病院でも、店舗でも、街中に同じ業種がいくつもあります。ひとつの自治体内で、その行政サービスが行える人は基本的に役所の担当者だけです。市民はあなたしか選べません。1人で数百人、数千人、数万人のお客様を担当する、すなわち、多くの人に頼っていただける職業です。あなたが改善しなければまちにだれもやる人がいません。あなたにかかって

います。

地方創星のひとつになる

最後に、なぜ僕が他自治体の研修講師を受けたり、賞をもらったり、メディアに出させてもらうのかを説明させてもらいます。

地方創生を合言葉に、地域が必死になって何か策を打とうと頭を悩ませていますが、僕は自治体職員、地域の人たちのやる気が高まり、政策提案、地域活動が実現していくことが、地域がよくなる近道だと思います。

そして、**それは糸島市だけがよくなればいいということではありません。**一自治体だけよくなって周りが衰退するような日本が存在するはずがないのです。経営がうまくいかず、衰退する自治体も出るかもしれませんが、理想の姿は、地域どうしが競争しあい、支えあい、連携しながら自分の地域も発展していく姿です。

300年続く中川政七商店の第13代中川政七社長の著書『日本の工芸を元気にする！』を読んで、一番星となる地域の工芸店を育てていき、その星たちをつなぎ、工芸業界全体を盛り上げていく活動をされていることを知りました。そのため、工芸店でありながら、他社のコンサルティング、展示会なども行われています。中川社長のように、**私が外に出ていくことで、やりたい仕事を実現できていく自治体職員がほんの少しでも増えていき、糸島市から他地域をよくできるお手伝いができるような存在になれるのであれば、自治体職員という業界全体に貢献し、国に貢献し、それを行う糸島市自体の価値も上がります。**

各地の自治体職員が、糸島市と関わりながら地方創「星」となり、地域の一番星、二番星と輝いていく人が続出し、仲間が増えることを期待しています。現に熊本でもそのような人たちが誕生してくれています。

そして人は認めてあげる力を高めることができます。僕に「頑張って」と励まされるのと、小泉進次郎さんに「頑張って」と言われるのでは大きくやる気が変わるでしょう。

市役所の職員であれば、市長に褒められ、認められるとより嬉しいことがわかるように、これは人によって承認力が異なるのです。**僕は市役所職員として能力を高め（商品）、仕事で貢献して実績を作り（販路）、広く知ってもらう（宣伝）ことで、自分の承認力を高めることができると考えています。**

他の業界では、市長のような政治家や大企業の著名な社長、教育界のテレビで活躍する方など多くの影響力を持つ人がいらっしゃるのに、自治体職員の世界でダントツの影響力を与えるような、それに加えて出向、民間出身、期限付き採用などではなく、役所で叩き上げの現役職員としての立場で影響力を持つ人となると、そう多くはいないと思います。

自治体職員の身分であっても、この業界だけでも、大きな承認力をつけることが可能だと思うのです。「あの人に認めてもらえたので自信が持てた」という存在になれば、多くの自治体職員の皆さんの力になることができ、希望を与えることができます。

また糸島市の職員の皆さんが誇りを持てる存在になれたり、糸島市の知名度アップや、糸島市の職員になりたいと思ってくれる人、市民の安心や信頼にもつながるかもしれません。個人的に妬まれたり、鼻につく存在になったりしたとしても、多くの人にとって悪いことはありません。糸島市の職員として目の前の仕事を大切にしながら、人の役に立つことを人生の目的として生きていきたいと願います。

優秀な若手職員が入ってきては、仕事のやりがいを知らないまま次々と辞めていく姿を見るのは、本当にいたたまれない想いです。本書を読んでいただき、地域の未来を担う人たちが少しでも希望を持ってもらうお手伝いができたのであれば嬉しいことです。

また、この本を手にとって読んでくださった方であれば、すでに心の奥に闘志が灯っているはずで、大きな出る杭になり、そして柱になれる人です。今はつらくても、我慢し続けていても、こんなに挫折した僕がV字回復して幸せな人生をもらえました。皆さんも同じ自治体職員ですから、きっと楽しい仕事を自分でつくりだせます。

いつか、あなたが地域の巨星になり、また次の仲間を導き、そして同じような課題に悩む地域の目印になってくださることを願います。

●だれと組むかが重要になる

「だれと組むか」が大事。もし、販路や宣伝を考えていたとしても、市の広報だけで「市役所で販売します」とお知らせしたらどうでしょうか。忙しい親たちがわざわざ買いに来てくれるでしょうか。

販路は、例えば生協の宅配に入れてもらえれば子育て世代が多く、しかも市外にも配ることもできます。また、自宅へのチラシ配布と同じなので宣伝も兼ねています。

商品も市内飲食店と組んで、子どもがポチ袋を持ってきてくれたら、デザートがサービスされるなどの特典があれば、実際に家族で遊びに来てくれたり、ポチ袋の回収数などでＰＲ効果の把握や経済効果も創出できるなどアイデアが広がります。

４Ｐで組む相手を考えることで、自治体と地域や企業との連携をつくることにもなるのです。

あなたが考えている商品（サービス）があれば、ターゲットとなるお客様が、「どこで手に入るか（販路）」「いくらで買えるか（価格）」「どうやって知ってもらうか（宣伝）」を考えてみましょう。

ターゲットは普段どこにいるか、何を見ているかなどを考えて、連携相手を探してみましょう。

4P	商品	販路	価格	宣伝
アイデア				
組む相手				

ＭＢＡミニ講座⑧

「４つのＰ」でアイデアを創る！

●４Ｐでアイデアをつくる

本書で出てきた政策立案するときの４つのＰ。すなわち「商品（サービス）」「価格」「販路」「宣伝」の４つを同時に考えることが大切だと紹介しました。

将来の移住者にまちのことを知ってもらうため、「子育て世代の人たちにまちの観光PRをしたい」と考えているとします。

僕はこの原稿をお正月に書いていますが、観光PRする商品（サービス）をお年玉袋（ポチ袋）にしてみたいと思いました。

観光のイラストや写真、QRコードをデザインしたものにして、ポチ袋というコンテンツを使えば、ピンポイントに子育て世代にアクセスできます。

4P	商品 Product	販路 Place	価格 Price	宣伝 Promotion
アイデア	観光ポチ袋	生協の宅配	無料	宅配チラシ SNS
組む相手	市内飲食店	生協	自前	生協 市民

ただ、今はターゲットと４Ｐのうち商品しか考えていません。これだと、どこで手に入れられるのか、そもそもポチ袋のことを知ってもらえるのか、せっかく考えたサービスが活かされません。

この原稿を書いているとき、僕は次の新しい仕事に挑戦し、壁に当たっている最中です。壁はやはり利害関係者との調整。本書にも書いた地域産品を集めて売るだけでなく、マーケティング機能を重視した地域マーケティング会社を立ち上げようとしています。

食だけでなく、多くの地域事業者の困りごとを解決し、頼られる組織にしたい。中小企業の地域団体からも「糸島市内には多くのマーケティングに困っている事業者がいます。どうやったら多分野に広げられますか」とご相談もいただき、背中も押してもらっていました。

しかしどうしても反対の人は出ます。これは糸島市議会ホームページでどなたでも見ることができるのですが、令和元年12月と令和2年3月も引き続き、反対の人たちの意向を受けて議会で一般質問が出ました。地域に行くと悪い評判を流されていたり、立ち上げる法人の代表を変えろと圧力を受けたり、多くのストップをかけられ、当初の予定から何か月も設立が遅れています。

同じ糸島市で頑張る人たちを応援してくれればよいと思うのですが、個人的な利害や感情で妨害されてしまうのです。僕だけならまだしも、仲間にも相当の迷惑をかけ、申し訳が立たず、その方が辞めるときは僕自身も責任をとって市役所を辞めることも考えながら書いていました。

そんな中、3月で退職される上司が「絶対糸島にとって必要な事業だ。見返すぞ！　相手がやりたいことがあるなら相手は相手の使命を果たせばいいんだ。市は市としての使命を果たすぞ。退職してからも加勢するけん頑張れ、あきらめるな！」と何度も気持ちを奮い立たせてくれました。そのご勇退直前に、その方の部下として仕事をさせていただいたこと、そして一つひとつの仕事に対して自治体職人としての志を注入していただけたことに感謝しています。

「岡君の考えは間違っていない、私たちは味方。一緒に戦おう」と励ましてくれ、「やってみないとわからんでしょう。やってもない、直接見てないのに悪く言いなさんな」と、僕がいないところでも陰で支えてくれる先輩たちもいます。

また、念願の博士課程に合格が決まり、4月から新しい道を歩む僕に、職場の皆さんが祝賀会を開いてくれることになりました。僕はまだ部下を持ったことがなく、先輩たちに頼りっきりですが、なんて恵まれているのか、こんな仲間がいる職場なんてそうそうないと感じています。

本書を執筆できたことも、仕事を通じて僕に多くの経験と学びをくれた糸島市の職員や地域の皆さんのおかげによるもので感謝の念に堪えません。

博士研究は糸島市を事例にして、将来の地域政策に役立てるものです。糸島市以外の困っている地域にも役立ててもらいたいと考えています。そして先輩たちが僕に与えてくれたように、年下の若手職員に何か残したいという強い気持ちがあります。そのような想いを理解してくれた職場の後輩職員数名が、忙しい中、本書の内容に関しても何度も貴重なアドバイスをくれました。本当にありがとう。

そして本書を手に取り、最後まで読んでいただいた読者の皆さんへ。執筆も仕事と同じで、だれかに喜んでいただけなければ意味を成しません。本書や僕自身の経験に意義を与えてくれた皆さんに心から感謝申し上げます。

僕は教師でもなく、ただただ経験を書き連ねることしかできないので、糸島市の事例をもとにスキルや想いを伝えてきましたが、うまく伝えられたのかはわかりません。何か行動を起こすと、嫌なことや、悔しいこと、苦しいことがたくさん待ち受けています。それでも勇気をもって何度も踏み出すその繰り返しが、強い精神力や仕事の楽しさにつながり、他の職員への激励になり、職場や自治体職員のやる気を高めていくと思うのです。

本書を通して出会えたあなたの背中を押せることを祈りつつ、いつか現実にお会いできたときに、お話を聞かせてもらえる時を心から待ち望んでいます。

実務教育出版の井口靖子さんには、このような想いばかりでまとまりのない内容を、読者に伝わるよう丁寧に編集していただき、この場を借りて感謝申し上げます。

最後に、家の内では屁のつっぱりにもならない不束な夫であり、子どものように手のかかる僕を支えてくれる妻へ。大学中退したコンプレックスを持つ僕に対して、結婚後に学部、修士、博士とすべてに行かせてくれて本当にありがとう。普通ではあり得ない機会をくれ、今日の僕になれたのもあなたのおかげです。これからも感謝の気持ちを忘れず、大切にしますので、見捨てないでくださいね。

2人の子どもたちには、僕が出ていくたびに「えっ、どこ行くと?」「今日も飲み会? お酒は飲まんようにできんと?」と聞かれ、いつも寂しい思いや体の心配をさせてしまってごめんね。君たちが家で起きている時間は少しでも傍にいてお話しようね。大人になってこの本を読んで、お父さんがどんな人間であったかを知ってくれると嬉しいです。

これからも自分の近くの人たちを一番大切することを忘れず、次の目標に向かって励み続けることを誓い、ここに筆を置きます。

2020年3月　岡　祐輔

岡　祐輔（おか　ゆうすけ）

福岡県糸島市企画部経営戦略課の現役公務員。
仕事をしながら放送大学を卒業後、九州大学大学院で MBA を取得。そこで学んだ知識・技術と現場主義を活かしてさまざまな糸島ブランドづくりをやり遂げる。その実績によってさまざまなアワードを受賞した今最も注目されている地方公務員。現在は九州大学大学院博士課程に在学し、さらに糸島市をパワーアップさせる計画も進行中。
年間 20 本もの講演をこなし、地域では伝統芸能の神楽を継承する、二児の父。

〈受賞歴〉
2015 年　ＱＢＳビジネスプランコンテスト準優勝
2016 年　内閣府地方創生☆政策アイデアコンテスト・地方創生大臣賞
2017 年　内閣府地方創生☆政策アイデアコンテスト・帝国データバンク賞
2018 年　ＨＯＬＧ地方公務員アワード賞、QAN アワード最優秀賞
〈出版〉
『スーパー公務員直伝！　糸島発！　公務員のマーケティング力』
（2019 年・学陽書房）

地域も自分もガチで変える！ 逆転人生の糸島ブランド戦略
税金ドロボーと言われた町役場職員が、日本一の MBA 公務員になれたわけ

2020 年 4 月 30 日　初版第 1 刷発行

著　者　岡　祐輔
発行者　小山隆之
発行所　株式会社 実務教育出版
163-8671　東京都新宿区新宿 1-1-12
電話　03-3355-1812（編集）　03-3355-1951（販売）
振替　00160-0-78270

印　刷　壮光舎印刷
製　本　東京美術紙工
装丁・本文デザイン　NONdesign（小島トシノブ）
DTP 組版　編集室クルー

ISBN978-4-7889-1190-1 C0036　Printed in Japan